京都府立総合資料館編

東寺百合文書 一

イ函・ロ函一

思文閣出版

刊行にあたって

この度、京都府では東寺百合文書《とうじひゃくごうもんじょ》の翻刻出版を開始することになりました。

東寺百合文書は、我が国を代表する古文書群の一つであり、中世の政治史のみならず、美術史、建築史、宗教史の研究等にとりましても欠くことのできない貴重な史料として、平成九年には国宝に指定されております。

江戸時代の貞享年間に加賀藩前田綱紀《つなのり》公から保全のための「百合」の桐箱の寄贈が行われるなど、東寺百合文書は、古くから多くの人々の尽力により保存が図られてきました。明治時代には、明治政府により文書群の書写と調査が実施され、その成果を基に東京大学史料編纂所において東寺百合文書の「ひらかな之部」の翻刻作業が開始され、現在「ひらかな之部」の全体量の約三分の一に当たる十三巻まで完成されております。

昭和四十二年、京都府は文化財保護を目的として教王護国寺《きょうおうごこくじ》（東寺）から文書群の譲渡を受け、その後四十年近い歳月が流れました。この間、二次にわたる大規模な補修をはじめ、目録の編纂・発行、資料の保存・利活用を図るためのマイクロフィルム化と写真帳の作成、府民の皆様に親しんでいただくための講座・展覧会の開催、さらには新しい保存箱の作成など、貴重な文化財を所蔵する者として責務を果たしてまいりました。

今回の翻刻出版は、多くの府民の皆様や文化庁、研究者等の強い御要望もあり、総合資料館において「カタカナ之部」の作業を開始し、第一期として出版可能となったものであります。

膨大な東寺百合文書の翻刻にはさらに相当の歳月を要することになりますが、引き続き取り組んでまいりたいと考えておりますので、皆様方の御理解と御支援を賜りますようよろしくお願いいたします。

結びに、東寺百合文書の翻刻出版が、研究に携わる方々のみならず、広く府民や国民の皆様に京都府の所蔵する貴重な資料に親しんでいただく契機となりますとともに、残存資料の少ない中世研究の発展に繋がるよう期待いたしております。

平成十六年三月

京都府知事　山田　啓二

東寺百合文書の出版
文書の配列
料紙
装丁の形態
寸法
字体
符号の用例

凡例

一東寺百合文書の翻刻出版を片仮名函から行う。その第一巻として本書には「イ函」の全部と「ロ函」の一部を収めた。

一文書の配列は、当館編『東寺百合文書目録』の順によった。同目録は、欠年文書のうち年次推定の可能なものも注記にとどめ、年次未詳として扱っているので、結果として編年順にはならない。

一料紙のうち、特に注意を要するものは（宿紙）（白紙）等と記した。普通の竪紙は用法を省略し、それ以外は（折紙）（切紙）等で用法を表した。

一複数の料紙からなるものは、（続紙）（袋綴）等の形態を記し、紙数を付した。このとき用紙の変わり目を本文中に………で表した。

一寸法は、センチメートルを単位として、縦×横の順に記した。

一字体は常用漢字を原則とし、頻出する異体字を限定的に使用した。

一塗抹のある文字には、抹消符〻（墨抹）、〃（朱抹）を左傍に加え、原字の不明なものは、■に置き換えた。欠損・解読不能の文字は□に置き換え、字数不明の場合はこれを延長した形を用いた。前欠は「――（前欠）」、後欠は「――（後欠）」とした。改行の体裁を改めたものに改行符』を使用し、朱字は「　」で囲んで肩に＊を付した。ただし朱の合点は破線とした。

花押・印章

一花押・印章については（花押）・[印]・㊞で所在を示し、自署も含め巻末に一覧を掲載した。

本文以外の部分名称

一本文以外の部分は「　」で囲んで側に（端裏書）（切封上書）等と表示した。封じ目は（墨引）で示した。

付属書類

一封紙・附箋・押紙等の文字は「　」で囲み、側に（封紙）（附箋）（押紙）等と表示した。

傍注

一不明文字の推定および人名・地名・年代等に関する編者の校訂結果は、その文字・文言の横に、（　）で囲んで傍注した。文字の改竄・磨消の状態は○に続けて傍注した。

注記

一正文の所在、本紙・封紙の結合等、文書の全体に係わる注記は、一点の最後に記した。ただし一点が数通からなる文書の全体に係わる注記は、一通目の前に記した。

京都府立総合資料館

東寺百合文書　一

目次

〔東寺百合文書　イ函〕

一三　正応五年二月十三日　後深草上皇院宣案……四五
一四　永仁六年十一月十九日　丹波国大山庄大嘗会役文書案……四七
㈠永仁六年十月廿九日　葉室頼房書状案……四七
㈡永仁六年十一月十九日　葉室頼房書状案……四七
一五　延慶三(ママ)年二月七日　若狭国太良庄文書案……四八
㈠永仁弐年四月　日　若狭国太良庄領家雑掌尚慶・地頭若狭忠兼代良祐連署和与状案……四八
㈡延慶三(ママ)年二月七日　六波羅注進状案……五〇
㈢正安四年正月十六日　後宇多上皇院宣案……五一
㈣仁治元年十一月廿日　官宣旨案……五二
一六　延慶三年八月十日　藤氏長者鷹司冬平宣案……五三
一七　(応長元年)十月十一日　寺辺水田文書案……五三
㈠応長元年十月十日　東寺長者安祥寺成恵御教書案……五四
㈡(応長元年)十月十一日　凡僧別当宝菩提院亮禅書状案……五四
一八　応長弐年弐月廿一日　定額僧真聖田地寄進状……五五
一九　応長弐年弐月廿一日　定額僧真聖請文……五六

六二　明徳元年七月廿日　理性院宗助書状……一三三
六三　応永五年十月廿七日　御室宮永助入道親王令旨……一三四
六四　応永十一年五月廿一日　大和国河原城庄所務職宛行状土代……一三四
六五　応永十三年六月廿六日　室町幕府御教書案……一三五
六六　応永十三年九月六日　廿一口供僧一﨟普光院頼暁書状案……一三五
六七　応永廿一年後七月十四日　室町幕府奉行人奉書……一三六
六八　応永廿一年　伊勢貞経書状封紙……一三七
六九　応永廿二年二月廿八日　大和国河原城庄十人番頭連署請文（後欠）……一三七
七〇　応永廿三年十月廿五日　善遍大和国河原城庄所務職請文……一三八
七一　応永廿六年七月廿六日　中西重行丹波国大山庄代官職請文……一三九
七二　応永卅三年六月日　東寺雑掌申状……一四〇
七三　応永卅四年十一月廿日　山城国久世上下庄公文職文書案……一四一
㈠応永十八年二月廿三日　室町幕府管領沙弥道端畠山満家施行状案……一四一
㈡応永十八年四月十三日　山城国守護祥全高師英遵行状案……一四二
㈢応永十八年四月廿五日　山城国守護代崇朝佐治守直遵行状案……一四二

㈣応永卅四年十月三日	足利義持御判御教書案	一四三
㈤応永卅四年十一月廿日	室町幕府管領沙弥道端畠山満家施行状案	一四四
七四 応永卅四年十二月九日	室町幕府御教書案	一四四
七五 永享六年三月十八日	宝珠院好尊大和国河原城庄代官職請文	一四五
七六 永享六年九月廿六日	松山乗栄書状	一四六
七七 永享七年六月廿一日	金剛王院房仲書状	一四六
七八 永享十一年十二月廿一日	越後賢増田地寄進状	一四七
七九 文安元年十月十九日	山城国拝師庄百姓中申状	一四八
八〇 文安元年十月廿四日	山城国拝師庄百姓中申状	一四八
八一 文安弐年十二月廿七日	西院常灯料田文書	一四九
㈠文安弐年十二月廿七日	中原師孝田地寄進状	一四九
㈡文安弐年十二月廿七日	中原師孝田地売券	一五〇
八二 文安弐年十二月廿七日	中原師孝田地寄進状	一五一
八三 文安弐年十二月廿七日	中原師孝田地寄進状案(本文省略)	一五二
八四 文安弐年十二月廿七日	中原師孝田地売券案(本文省略)	一五二

二〇〇　八月廿一日　吸江斎養真書状……二五八
二〇一（文禄三年）八月廿一日　密教院俊典書状……二五九
二〇二（弘治三年）八月廿二日　藤岡直綱書状……二六〇
二〇三（寛正三年）八月廿六日　備中国新見庄三職注進状……二六二
二〇四（文明十年）八月廿八日　山城国拝師庄下司石井数安書状……二六三
二〇五（弘治三年）九月四日　藤岡直綱書状……二六四
二〇六（寛正六年）九月五日　凡僧別当観智院宗杲書状……二六六
二〇七（永正五年）九月十一日　山城国愛宕郡代杉興重折紙案……二六七
二〇八（永禄五年）九月十四日　松永久秀奉行人喜多重政・瓦林秀重連署書状……二六八
二〇九（大永二年）九月廿八日　太田保定奉書……二六八
二一〇　初冬朔　某書状……二六九
二一一（享徳二年）十月八日　石井豊安書状……二六九
二一二　十月十日　宗藤（藤岡直綱）書状……二七〇
二一三（延慶二年）十月十四日　東寺長者（東南院聖忠）御教書……二七一
二一四　十月十四日　少納言澄盛書状……二七二

二二九　（延応元年）十一月十五日　御室宮道深法親王執事頼尋書状……一八四
二三〇　十一月十六日　大和国河原城庄代官豊田春賀書状……一八四
二三一　（大永元年）霜月十七日　蓮池宗武書状……一八五
二三二　十一月廿日　竹□尚即書状……一八六
二三三　十一月廿一日　山城国拝師庄下司石井数安書状……一八七
二三四　十一月廿四日　山城国拝師庄上鳥羽方百姓中申状……一八八
二三五　十一月廿六日　大和国河原城庄代官豊田春賀書状……一八九
二三六　十一月廿七日　高柳通次書状……一九〇
二三七　（永禄元年）霜月廿七日　藤岡直綱書状……一九〇
二三八　（永正八年）霜月廿七日　大和国河原城庄代官豊田澄英書状……一九二
二三九　（享徳元年）十一月廿八日　九里治任書状案……一九三
二四〇　（享徳元年）十一月廿八日　近江国三村庄島郷公文代忠賢書状案……一九四
二四一　十一月廿九日　堤光職書状……一九四
二四二　（天正十三年）十二月朔日　密教院俊典書状……一九五
二四三　十二月三日　大和国河原城庄代官豊田春賀書状案……一九六

二四四　（正応二年）十二月　五　日　菩提院了遍御教書（前欠）……二九六
二四五　十二月　八　日　石井顕親書状……二九七
二四六　（永正十七年）十二月十一日　大和国河原城庄代官豊田澄英書状……二九八
二四七　十二月十五日　経長書状……二九九
二四八　十二月十九日　窪存重書状案……三〇〇
二四九　十二月廿二日　山城国拝師庄百姓中井安弘書状……三〇〇
二五〇　極　月廿四日　蓬雲軒宗勝（松永長頼）書状……三〇一
二五一　十二月廿四日　竹内季治書状……三〇二
二五二　十二月廿五日　梅軒快真書状……三〇三
二五三　十二月廿六日　範次奉巻数返事……三〇三
二五四　（永仁元年）十二月廿九日　藤原光泰書状……三〇四
二五五　（天正三年）　三条西実枝書状案……三〇四
二五六　（永禄三年）　高柳通次書状……三〇六
二五七　多羅尾綱知書状封紙……三〇六
二五八　松永久通書状封紙……三〇七

〔東寺百合文書　ロ函〕

〔東寺百合文書　ロ函〕未了

目次　終

東寺百合文書 一

〔東寺百合文書 イ函〕

一 山城国紀伊郡司解案 （続紙二紙）（二八・五×八〇・九）

（端裏書）「天元官符案自真乗院出之 観応二 五 八」

（山城国）紀伊郡司解、 申請 国符事、

合壱枚

被載応宛除円融寺御願法華三昧堂仏供・常灯・』六僧供養并雑用

粁田弐拾捌町参段弐百柒拾陸歩状、

十条川副里四坪、、　　、、

　、、　　、、、

十一条飛鳥里十八坪、、、　　、、、

卅四坪八段　、、、

幢里、、　、、

、、、　、、

民部省符

法華三昧料正税を充つ

運済の期不定

畿内の勅旨田を充つ

無損の坪付を注進

右、被今年三月十六日国符、今日到来偁、民部省天元三年十一月』廿七
日符、今年三月十三日到来偁、被太政官今年六月十九日符』偁、得彼寺
今年三月五日奏状偁、太政官去年十月廿一日給』民部省符偁、去月十
五日寺家奏状偁、謹検、所々法華三』味粁之粁（ママ）、以正税被宛給、而国掌（宰）
運済其期不定、或徒』過一二年、或黙送両三年、僅任終年済数年粁、然』
則有限之用難叶其期、望請、以幾（畿）内勅旨田、被裁件御三昧』粁、全納地
利宛年粁用者、注山城国紀伊郡官田見熟無』損坪々、始従今年、永為不
輸租税田、可被宛給之状、所請』如件者、大納言正三位兼行皇太后宮大
夫源朝臣重信宣、』奉　勅、依請者、省宜承知、依宣行之者、国宜承知、依』
件行之者、郡宜承知、依件行之者、所請如件、以解、

慶俊珍皇寺を建立

珍皇寺初代別当尋序

珍皇寺別当平深

天元四年三月廿五日

惣行事紀判

行事秦

二　珍皇寺所司大衆等解案　（続紙八紙）（二八・七×二五五・〇）

珍皇寺所司大衆等謹解、申請長者（性信入道親王）・御室政所参箇』条裁事、

　■請被殊蒙鴻恩、任先例正道之理、条々判紀之愁状、

一請御寺別当政（ママ）正理以賢心興隆仏法事、

右、所司大衆等、謹検案内、件御寺本願、尋以者、』仏法流布、大師（空海）雖在多門跡、乍生身値』遇出世給希也、尊彼大師◦（本師）慶俊僧都御願』建立寺家矣、然而、東寺者即大師御願故、相』承代々長者令知行、以往不知給、近則正道之』例者、禅林寺大僧正（深覚）御時、㝡初以尋序阿』闍梨、件寺之別当被成、所知不幾之間、同品房』官僧平深攘充、令執行寺務、

清水寺別当定朝

慈悲正道の別当

清水寺住僧朝明珍皇寺別当と成る

彼御室万歳之』間、安住聖心令安堵住僧、修理堂舎為宗、仏法』興隆莫過於彼田畠、所領公験之理無妨、『其之時清水寺別当法眼定朝件珍皇寺四至』之内打入、防辻立、即日僧正御室仰云、速件防』辻可貫者、仍貫焼了、不為所摂者乎、

次小野(仁海)僧正御時、三箇年之程、不幾非常』軽々別当五六口被成、政方々左道、漸々及堂舎』破壊之剋、次禅林寺法務僧都(深観)御時、先別当』平深罷成、押返同堂舎修理、仏法興隆為宗、『次題胡(醍醐)(覚源)御時、厳威盛貴如此、慈悲正道別』当、可被令成給矣、

一請非常別当○所為寺家流記公験紛失○并田畠相論事、

右、同検案内、寺家雖無庄園封物、為先聖御』願、偏任仏法威験、□然纔寺辺并敷地田畠』林等、具注公験、代々別当従法蔵(宝)之外不出、所』司共沙汰、経年序無牢籠、爰仁和寺僧(長信)』正御時、件清水寺住僧朝明珍皇寺別当』罷成、其間非常政方々上、先御寺重物公験紛失、『小野僧(成尊)

珍皇寺別当
源快
朝明珍皇寺
領田畠を押
沙汰す

都御時、別当源快所司等共注其之由、件文』書嘖乞間、無沙汰、源快
死去之後、朝明田畠被押沙』汰方々也、寺家所領之内、《田》二反候之中、
一反清水寺僧』所領、経年致弁、一反珍皇寺』所領、乍二反珍皇寺所
司作人也、以往』近来件田二反負致方々弁之間、又郡司』并国検田使
等馬上注、一分加（課カ）役不□、件朝』明以私眷属破定、不経郡司、田堵一
反之』外、地子勘負、其弁責苛（呵）无限、同権別』当慶久作如以前、同寺田
畠字菩提』之前、清水寺住人押作、於珍皇寺不「令」（○書き直）』進退、別当源快
之時、雖貴（責）地下、成阿』容未決其論、又寺家北四至内畠其員、（有脱カ）』感神院
別当・所司等寄事《於》於神威』押取、未絶其論如此、抑件別当朝明之時、』
所為左道、以大衆号成奴婢、昼夜私』壇越為追求夫役、念仏僧等不可
計』画、寺家公房破散、寺主入雖甚巨多』也、適去壬之後、小野曽郡御
時、相構可』成別当之由、承給上、件子細《細》言上《之》日、被』停止明白矣、
一請不可被成他問（門）非寺清水寺僧』為（衍カ）別当事、（改行ママ）右、同検案内、件寺別当

他門猛悪の別当

所』望之輩、近例皆以御塔修造之功為宗、『雖然致牢籠、或成非常政
之輩如』眼前、夫以前朝明者、官長年臈如此、況』若年者、任名聞利益、
発无因果之輩、『只当時之事為宗、不知後恥、随彼阿』容、但(ママ)馬寺殿可
被成別当之由、令申』給也、若住(任)真実道心者、非清水寺僧』他所名徳
可被引級給、但被住偏』道心、為延命者、三箇年之間、昼夜』前路上下
且修行、勧進僧催』申、須被加一塵哉、所司大衆等、倩以』悲哉、貴大
師遺跡、被成他問(門)猛』悪別当、纔由(田)畠文書等紛朱(失)、寺家顚』到(倒)乎、重今
度件清水寺僧被成』者、永住僧大衆不留跡矣、
以前条々、申状如右、望請　恩裁、一々早』被判糺者、将知本願大師遺
跡之』貴、且仰当時之厳勢、仍注事状、以』解、

承保二年四月三日　都維那法師慶算

大衆

法師千徳

法師徳明
法師慶尊
法師慶源
法師寿満
法師良徳
法師慶徳
小綱
法師度円
法師慶連
法師明慶
法師良久
法師是延
法師良能

法師源秀
法師興命
都維那法師信明
権寺主大法師仁清
権寺主大法師慶快
権寺主大法師定賢
勾当大法師徳円
勾当大法師忠能
権上座大法師真源
権上座大法師慶照
権上座大法師延筆
権上座大法師慶真
権上座大法師定尊

権上座大法師定快
検校大法師清興
寺主大法師円能
上座大法師永明
権別当大法師慶久

三　明法博士中原資清勘文案　（続紙四紙）（三〇・〇×一八九・八）

（端裏書）「資清」

勘申東寺与成願寺相論、田地拾柒町陸段弐佰拾歩事、
在伊勢国管多気・飯野両郡内字川合庄田、
右、左大史小槻宿禰祐俊仰云、右中弁藤原朝臣有信伝宣、』権中納言藤原朝臣公実宣、奉　勅、東寺与成願寺相論、伊勢国』管多気郡字川合庄田、宜仰検非違使対決両方文書等令』勘申理非者、調度文書并両寺解

検非違使をして理非を勘申せしむ

成願寺論田十七町四段二百十歩

十三町布勢内親王施入状に載せず承和省符東寺相博の庄と注す

延暦勅施入状に論田を注載す

状雖有其数、依注載先』勘文、只抽取簡要、省略繁文、爰成願寺論田拾柒町肆段弐』佰拾歩在多気郡、拾陸条弐井内里拾参坪上国帖壱町・参』疋田里肆坪下国帖壱町・肆疋田里肆坪橋下壱町・同里弐』拾柒坪田壱町・同里参拾肆坪宅戸田壱町・伍相可里拾壱坪壱』町・六山田里拾坪下腹田壱町・拾柒条弐判田里拾捌(坪脱)桃原田壱町・』拾伍条参岡前里拾参坪壱町・同里弐拾弐坪国帖壱町・同里弐』拾参坪小山田壱町・同里弐拾肆坪大山田壱町・同里弐拾伍坪古田』壱町、已上拾参町者、不載去弘仁三年十二月九日贈四品布勢内親』王領大国庄(伊勢国多気郡・飯野郡)施入東寺之状、而去承和二年四月十五日東寺方所』勘出之民部省符、皆注入東寺相博庄田之由、但去延暦廿二年』正月七日、勅施入川合田陸拾陸町内、成願寺論田拾参町、皆以』所注載也、其残肆町肆段弐佰拾歩、在同拾陸条須具田壱』町・拾肆条弐兄国里弐拾弐坪安田弐段・同里弐拾肆坪安女』田壱段・同里弐拾陸坪富田柒段・同里弐拾柒坪松(本脱)田弐段・同参』拾肆坪松本田肆

承和絵図に東寺領と注す

寛治省符案等成願寺領と注す

大国庄田と川合庄田相博

坪松本田肆段弐拾歩・同里参拾伍坪墓』本田参段佰歩・拾柒条弐判田里参拾坪庄山田壱町・拾肆条』弐兄国里弐拾伍坪溝本堀田壱段拾歩・同里弐拾参坪吉田』弐段捌拾歩・同里拾参坪田弐段大安寺・飯野郡拾捌条伍井上』里壱坪神道田弐段、已上肆町肆段弐佰拾歩者、東寺所進去』承和十二年四月十五日多気・飯野両郡司所勘進之絵図内皆』注東寺領、而成願寺所進去寛治五年九月九日民部省符案、天』長・弘仁・承和等之図皆注為成願寺領之由、然者東寺所進絵』図与成願寺省符、頗有相違之上、如絵図端書者、川合本』勅旨田陸拾陸町、又大国庄田佰捌拾町、相并弐佰肆拾陸町也、』而計東寺領坪並之処、已有参佰余町、若依端書状者、可謂』狠藉書歟、又如東寺所進去承和十二年九月十日省符案者、同二』年三月十五日相博状云、大国庄内公田弐拾壱町弐段佰肆拾歩』代、以本勅旨川合庄田陸拾陸町内、相博庄内公田、円田一処之宣旨』到来之後、無事煩者、寔知大国庄内公田弐拾余町、以川合本勅』旨田陸拾

成願寺領十七町は大国庄公田と相博

大神宮司牒

陸町内、被相博之日、成願寺領拾柒町余者、大国庄』公田拾柒町余代、所相博得歟、然則相博無依違、終始有由』緒、任秀良親王施入状、成願寺領知有何妨乎、就中、上所注』載之拾参町、去承和二年省符注入東寺相博之由、其残肆町』肆段弐佰拾歩者、又天長・弘仁・承和之図、依注為成願寺領之』由也、加之、東寺所進文書中、去延長三年八月廿五日伊勢太神』宮司牒東寺之状云、伊勢　太神宮司牒東寺政所、欲被殊任』道理返牒、去承和　円田壱処、以庄外勅施入東寺　弐箇坪之』田、令相博庄内公田之後、　今俄号東寺使、猥令虜掠、以前相　』田不当之状、博田坪々、飯野・多気両郡内拾伍条参岡前里拾』参坪壱町・弐拾弐坪壱町・弐拾参坪壱町・弐拾肆坪壱町・』弐拾伍坪　・拾陸条弐井内里拾参坪壱町・参疋田里肆坪』壱町・参拾肆坪壱町・肆疋田里肆坪壱町・弐拾柒坪壱町・伍相』可里拾壱坪壱町・拾柒条弐判田里拾捌坪壱町・参拾坪壱町、』件庄外施入東寺田、是各戸主等進　所不相博也、庄外勅旨田

延喜年中飯野郡班田以後相論なし

東寺押妨謂なし

之』後、屢経年序之処、今称東寺使　沙汰、妄令虜掠以前相博』田之旨、更　知其理、就中以去寛平九年十一月　飯野郡』被奉寄於二所太神宮之後、　延喜年中三郡令班田之日、』神社仏寺　田等坪々各被定置之後、至于今日更　相論』之処、今俄被如此非理妨之条、　何故乎、若枉理有相博之』変改者、如　公田各戸主等可進退領掌歟、乞衙察状、任』道理被返牒者、此彼共永可令　両方牢籠矣、以牒者、牒』状粗朽、雖恐有三豕之謬、要文尚貽、何不備一決之証、然則』今成願寺領田拾参町者、当初雖為東寺之勅旨田、相博』大国庄内公田之以後、不為東寺領之由、近則見斯牒状并』東寺所進承和二年四月十五日民部省相博状矣、而不顧』相博之意趣、兼亦　太神宮牒、偏就承和二年四月之比省』符案、東寺欲押妨件田地之条、頗似無其謂、又拾参町』残肆町肆段余坪付、同十二年四月十五日絵図内、雖注東寺』領、去寛治五年民部省勘文、既成願寺方申有天長・弘仁・承』和図之由、若依彼省符者、成願寺頗可云有

成願寺伝領理あり

其理、抑如『太神宮牒状者、有尋相博変改之文、無可為成願寺領之状、』雖然、去貞観五年八月廿三日所勘出之省符案称、同年六月』十一日宣旨、可為成願寺領之由進勘文、其状云、件論田拾柒町』余、有宝亀・嘉祥・承和図云々、件省符案頗東寺所難申、非』無其理、無源氏之以前、注源定賜田、大相違也者、件条非構』成寺家之書者、早可被尋問本省歟、加之、明法博士国任(惟宗)』勘文所引載之去寛治五年七月廿日東寺三綱所陳申之』九箇条相違、併被召問、成願寺陳状有其理者、於論田拾柒』町余者、依東寺所進承和二年四月十五日相博省符、并延』長三年　太神宮牒東寺之状、兼亦成願寺所進弘仁・天長・』承和等民部省図帳案、成願寺伝領頗似有其謂、仍』勘申、

康和元年九月十九日　正六位上行左衛門少志中原朝臣資清

四　官宣旨案

(三一・三×五一・九)

（端裏書）「宣旨案　天承元年三月廿四日」
（端書）「正文在宝蔵又在案文一通」

左弁官下東寺

応早任先例、令免除造伊勢太神宮役夫工宛課当寺』所領丹波国大山（多紀郡）

庄并摂津国垂水庄（豊島郡）事、

右、得彼寺今月六日解状偁、謹検案内、当寺是柏原天皇（桓武）』之御願、弘法（空海）大師之遺跡也、自草創以降、致鎮護国家之』勤、三百五十余歳、于今無懈倦、而件庄承和十二年九月』十日白河太政大臣家（藤原良房）奉　勅命、為官省符之庄、所被施』入也、因茲、別当少僧都実恵（法禅寺）以彼庄之地利、被割置仏聖』灯油・伝法供粁之間、近代国司致牢籠之処、注子細経　『奏聞之日、以康和四年重被下宣旨之後、敢無他妨、□又垂』水庄為官省符、今不被宛如此等役間、今役夫工使乱入庄』内、猥行非法、庄民等皆悉逃脱、一人無留跡之輩、随則農業』之営永絶、田畠已為荒癈之地、以何宛灌頂・

官省符庄として施入

仏聖灯油・伝法供料

役夫工使庄内に乱入

問注記と証文

申詞記

借物の質

影供之儲、以何』致破壊修覆之勤、望請　天裁、任往古之例、早被宣下
者、』将仰理致之不朽者、権大納言藤原朝臣宗忠宣、奉　勅、』宜任先例、
令免除者、寺宜承知、依宣行之、

天承元年三月廿四日　右大史菅野朝臣在判

右少弁藤原朝臣（宗成）在判

五　明法博士中原章親勘文案　（続紙九紙）（二六・九×三二一・九）

勘申左馬允源貞重与刀自洞院女相論、六』角油小路地壱所理非事、
右、被別当宣偁、件相論事、就問注記并両方』証□□（文等カ）、宜令勘申理非者、
承元二年二月廿日』問注記云、問注左馬允源貞重并洞院女等申』詞記、
洞院女八条院（暲子内親王）刀自右問云、六角油小路并東山地』者、貞重之母入置借物之
質、城外之間、経数年』之処、貞重之伯父貞安称致其沙汰、隠貞重譲』妻
洞院女貞安妻由所訴申也、件子細依実弁申如』何、洞院女申云、件地者、貞

所領未処分にて死去
遺跡四子に処分

安入道之父貞清之私』領也、而貞安為　後白河院御使、城外之間、父貞清夭亡』候畢、其間女子清原氏一人彼遺領不令知貞安、』取券契入置借物質之処、貞安上洛之時、悲歎親父』之夭命候弖、不致其沙汰、経年序候之処、貞安依父之遺』領、沙汰返彼地二箇所候畢、仍貞安領知候、今貞安存』生之時、依為多年之夫妻、譲賜洞院女候畢、貞安入道』之兄弟姉妹惣四人候幾、二人波死候畢止申、貞重問云、』就汝訴状、洞院女申状如此、件子細依実弁申如何、貞』重申云、件地貞清私領之条勿論候、貞清未処分仁弖』死去仕候畢、其間為後家之沙汰、以彼遺領処分四人』子息候、嫡子貞直分四条坊門油小路地、次男貞安分久』世并松崎（山城国愛宕郡）・大庭御牧（河内国茨田郡）等田畠、三女子分六角油小路・東』山地候、四女子分四条坊門油小路地如此候、件処分文仁、』貞直・貞安加暑（署）判候畢、件状定洞院女之許候歟、可被召』出候、三女子分六角油小路并東山地、入置借物之質候、』而貞安申合貞重云、件地可沙汰返也、汝自幼少成父子之』儀、汝之外、末仁

可領知人無之、此事令和与者、可沙汰返之由於』申候志加波、其儀仁候者、不
及左右之由、和与仕候畢、仍貞安沙』汰取候畢、貞安存生之間波領知候
弖、一期之後者、可給貞』重之由、存知候之処、去年九月上旬之比、貞安
受病候之間、』貞重仁不令告知、窃譲与後家候之由承及候弖、罷向貞安』
之許候弖相尋実否候之日、其儀無実也止申候弖、内仁波譲候弖、』如此申
候之間、無謂之由於波訴申候、縦雖譲与後家候、後家』一期。之後者、可賜
貞重之由於毛、載其状弖候波、強不及鬱申候、』且又譲与後家事無実之
由、貞安申候志於波慥聞弖候証人』候、所謂岩女洞院女従、次又貞安消息進覧之
候、兼又貞安譲』状事、雖申無実之由、実事候止申、覆問洞院女、本領
主』貞清於未処分雖死去、即後家以遺財、処分四人子息男女』之由、貞
重申之、随清原氏之所得譲状、相具本券在汝許之』由同申之、件譲状有
無并未処分証拠、重弁申如何、申云、所』詮処分有無、強不可知候、入質
物流并彼地之後、貞安沙汰』取候畢、仍領知候弖東山地一所放券要人

相伝の所従

候畢、如此可成』妨者、其時可訴申歟、貞安入力沙汰取候畢、仍譲後家』
候之条、不可為非拠候、又書譲状候事波、九月六日候、貞』安閉眼乃事波
十一月廿五日候、其間、貞安之証文於可沙汰』取候歟、無其沙汰、今如
此訴申候之条、無謂候、有証人之由申候、』往年与利波、可取貞安証文候歟、極
無道候、又貞安雖受重病候、不及』閉口候幾、如何仁毛可取証文候歟、次
又洞院女従女小物母女、先年』逃去仕候。之後、経数年出来洞院女之許候
弖申云、逃脱之後』所儲女子一人生年七歳、具来候弖、給洞院女候畢、其後養
育仕候弖』召仕候之処、今年正月十七日無故貞重搦取候畢、甚無』謂
候、任相伝、可返給件女之由、欲被仰下候、次又洞院女相伝』所従字清
次冠者、今年正月十五日貞重押取候畢、』指無由緒候、可返給候止申、
覆問貞重云、貞清之後』家行処分之由雖称申、不帯其状、随洞院女無譲
状之』由申之、縦雖為未分之地、貞安沙汰取彼両所地之後者、貞』重可
乞取証文処、無其沙汰歟、将又一期之後者、可譲汝之』由申之、然者尤

訴状折紙

可取証文歟、兼又所従事、洞院女訴申状』如此、云彼云此、慥弁申如何、貞重申云、貞清後家之譲』状波一定候、以件状等入置質券候畢、貞安沙汰返之日、』不取返彼譲状候歟、又洞院女取隠候歟、争無譲状候哉、』貞安沙汰取〇之日、可領知貞重之日、不取貞安之証文候事』者、成父子之儀候之上仁、貞重外波無子息、一期之後可』給貞重之由、契約候畢、如此申候之上波、無不審候幾、』仍不取証文候、又所従事、貞安存生之時、雖何之所従、』貞重可進止之由、給証文候畢、然而併不取候由緒候』奴原於波召「取」(〇書き直)候也、又東山地貞安令売候之時、貞重仁』相触候幾、和与仕候弖令免売候畢止申者、貞重所進』訴状析(折)紙云、六角油小路并東山地等子細事、副進』明法勘状一通、件地等元者云云、同所進建永二年』十月十六日大判事明基(坂上)朝臣勘答案云、答就問』状案法意、件地乙経沙汰之功(砌カ)、一期居住可足之処、書譲状』付属丙之条、乙之所行妄認地者也、丁為甲之男相伝領掌』事、宜叶道理、乙之進退甚無理、致招罪科而已、同所進陳状』

出挙銭

析（折）紙云云者、洞院女所進訴状析（折）紙云、欲被副下去月廿日』問注記、令申
落子細事、副進一通、勘文案六角油小路地、自右大将殿、貞安法師沙汰返間事、』一枚、同文書等目録
案貞重之母所帯手継無之事、一枚、貞安法師譲給于洞院』女状案一、奪取所従貞久男小物女、
事、先於貞重者、自竹馬之昔』至四旬之時、為貞安洞院女等被養育之
条、無其隠者歟、』而貞安存生之日、令告言養父母之間、永絶養父子之
義』畢云云、同所進正治元年十一月廿日道官人明基朝臣、』章親（中原）・章茂（中原）・
能貞（中原）等勘状案云、勘申主水令史清原』貞安与沙弥参西、相論出挙質地
理非事、右蒙別当』宣偁、就両方所進文書并問注記、宜勘申理非者、貞
安所』進建久九年七月日解状云、請殊蒙庁裁、且依道理、被』糺返相伝
領二箇処子細状、一処六角油小路地壱戸主、一処』東山山地田畠等五
段余、右謹検案内、件所領者、父故貞』清之私領也、子息等相伝領掌之
日、聊為成要事、借用』佐女牛万里小路住人字留守三郎行平出挙銭之
時、以本』券令入置質物畢、其後世間乱逆之間、自然依不致』其弁、為彼

三郎令押領、已及廿箇年畢、倩尋傍例、出』挙質物無故雖被押領、漸送年序之日、以年々地利』宛其弁、令糺返者例也云云、抛検此等文云云、抛之謂之、十』五箇年取地利事、雖無承伏之詞、於年別取用員数』者也、無遁申。之状、然者、以七箇年地利、宛彼負物、有余剰』無不足歟、重召参西之注文、被尋済否於彼在家人、可有』沙汰歟、但参西所進借書案。之中、清原氏以六角油小路』并東山地、為質券所借用者銭十貫文也、其外者以』舎屋等為質之状也、至他質券分者、依不可混此沙汰、十』貫文分宛米廿石、有余剰者徴可返負人歟、抑両所質』券地為清原氏領之由、参西申之、而件領地者、為亡父未』分地之旨、貞安陳之、両方申状已不一同、先付参西召出本』券借書等之後、随其状追可有裁断歟、仍勘申、同所進』四月五日奉行官人明基朝臣申状案云云(衍カ)、同所進建永』二年九月六日主水令史貞安法師譲状案云、譲与参間』肆面住宅壱宇・同敷地壱処口東西肆丈捌尺、奥南北拾丈、別(副)本券手継証文等、家中』資財雑具等任員数、所従男女玖人、男三人、久米清二・貞

家人奴婢田宅資財惣計作法

久・平二郎・女』六人、釈迦女・里女・小物女・閉女・九郎女・土用女、右成階（偕）老同穴之契、経六十余年畢』間、依無実子、無可相伝之人、而入道殊沈老病、難期旦暮、』仍件私宅居地資財所従等、併所譲与紀氏也、全無可成』異論之人、早為全相伝領掌、以存日契状譲与之状如件者、』謹検戸令云、応分者、家人奴婢田宅資財惣計作法、嫡』母継母及嫡子各二分、庶子一分、女子半分、若亡人存日処』分証拠灼然者、不用此令、詐偽律云、詐欺官私以取財』物者准盗論者、

拠検此等文、件地事、如貞重申詞者、清原氏貞重母』得母貞清妻之譲領知之間、入借物之質、経年序之処、』貞安清原氏外兄、貞重舅、申合貞重、沙汰返彼質地畢、貞安』一期之後、依有父子之契、可賜貞重之由、乍成其約、』貞安死去之刻、譲于妻洞院女、無其謂云云、如洞院女』陳詞者、貞清未分死去、貞安城外之間、清原氏掠』取文書、入借物之質畢、彼氏所不得母譲也、貞安』沙汰返件地領知之間、死去之時譲給洞院女畢、貞重』

可成其妨者、貞安存生之時、争不取其証文哉、所詮、』清原氏入質無沙汰之地、令糺返畢、不及其妨云云者、以』之言之、貞清妻行処分哉否事、依無指証雖難勘』決、貞重所称申之四人男女得分、就其田地可被尋実』否歟、縦雖為未分、任分法支配之日、清原氏可預其分』之上、貞安只訴未分之由、不申得譲之旨、且清原氏』以件等地入出挙之質畢、為清原氏分事、似有其』謂歟、仍貞安募質地之利、令糺返之者、須与清原氏』歟、而貞安以貞清〃（重）為子息之間、貞安一期之後、可』譲貞重之旨依令契約、不存不審之由、貞重申之、』此条雖無証文、思事之趣、誠無其約者、定有其』訴歟、清原氏依不可空得分也、然者貞安譲洞』院女事、不叶理致、貞重所訴非無所拠歟、爰』貞安・貞重成父子契之由、貞重申之、随貞重』申云、縦雖譲与後家候、後家一期之後者、可』賜貞重之由於毛、載其状弖候波、強不及欝申』云云者、就此申状、重案之、忽領知事似忘其契、』洞院女一期之後、貞重領掌不背物議歟、於所従』

事者、貞安譲状炳焉、貞重不及其妨、但貞安消息』進覧之由、載于貞
重申詞之処、不見件状、可被召』出者歟、仍勘申、

承元二季四月三日　右衛門少志中原明方

明法博士兼少尉中原明政

少尉中原

修理宮城弁官明法博士左衛門少尉中原

章親

七枚

六　左京八条一坊家地手継券文　（続紙二紙）

○第一・二通目の裏に人名未詳の花押3、紙継目裏に人名未詳の花押4が上下二箇所にある。

（端裏書）
「是四通案（ママ）」

（一）　鴨部氏女家地等売券　（三三・八×五九・二）

（端裏書）
「しをのこうち（塩小路）のち（地）の事」

私領地一所・屋二宇・雑舎一宇沽却

沽却　私領地壱処并伍間参面屋』壱宇、又参間弐面雑舎壱宇事、
合地弐戸主、東西伍丈、南北弐拾丈、
在左京八条一坊十六町、西二行、北五七八門内、
右件地者、鴨部氏之譜代相伝私領也、而』依有直物要用、限直銭肆拾柒
貫文、地』并屋二宇等相副本公験参通、所沽却』于中原氏実正也、仍為
向後亀鏡、立』新券文処也、雖自今以後、不可有他妨之状』如件、

貞応二年二月卅日

鴨部氏女（花押1）

（端裏書）
「しをのこうち（塩小路）のち（地）の□（事）」

（二一）　比丘尼蓮妙家地等譲状　（三三・九×五八・八）

譲与　私領地壱処事、
合弐戸主、東西伍丈、南北弐拾丈、

譲与の遺言

在左京八条一坊十六町、西二行、北五七八門内、
右件地者、本主親父鴨部兼貞之相伝之』私領也、而彼兼貞存生之時、可
譲于女子』鴨部氏之旨、遺言先了、而比丘尼阿弥陀仏』可配分之由、依
有先約、今相副本公験、』所譲与于鴨部氏女実正也、雖自今以後、不可』
有他妨之状如件、

貞応二年二月　日

比丘尼蓮妙（花押2）

（三一・二×四八・七）

七　尼見西私領地売券

（端裏書）
「梅小路烏丸地事　尼見西沽却親杲状」

沽却　私領地壱処事、

合陸戸主者、

在左京梅小路以北、烏丸以東、梅小路面、

安嘉門院庁下文

口東西拾伍丈、奥北南弐拾丈者、

副進

安嘉門院(邦子内親王)庁御下文

右件地者、尼見西相伝之私領也、子細且見』安嘉門院庁御下文、而今依有直物之要用、』限銭参拾貫文、永所売渡備前律師(親杲)御』房実也、更不可有甲乙之妨、但若向後牢』籠出来者、不立用年々地子、於本直物者、如』員数可返進也、仍為後日証文、如此之状』如件、

嘉禎肆年十一月十三日　　尼(見西)(花押5)

○同一年月日付のほぼ同内容の売券（正文）が「東寺文書　書二」にある。

(二八・四×三八・七)

八　官宣旨案

(端裏書)
「宣旨案仁治元年」

左弁官下教王護国寺

道深法親王の寄進

もと歓喜寿院領

地利を以て祈禱料に充つ

応任二品法親王(道深)家寄進状、永為当寺領□□(停止勅院)事・』大小国役・国郡使入部、宛置公家御祈用途、若狭国』(遠敷郡)太良保事、

右、得彼寺三綱□□等今月十日解状偁、得二品法親王家寄進状偁、『当国者式乾門院(利子内親王)之御分、当保者□□(本是歓喜寿)院之領也、一』旦雖有被国領之事、重被申子細之間、可為法親王御』領之由、所被奉免也、□□(以之被寄進)当寺、以其地利宛寺用、』勤行公家御祈、奉資天長地久之御願、可祝継嗣繁』昌之□□(御運、加之、不忘)七条院(藤原殖子)之御願、欲翊三菩提之妙果云々、』寺官等各以歓喜、所経奏聞也、望請天裁、□□(任法)親王家』御寄進状、以件保、永為当寺領、為公家御祈用途、積三密之』薫修、祈万乗之徳祚□(者)、権中納言藤原(大炊御門)朝臣冬忠』宣、奉　勅、依請者、同下知彼国既畢、寺宜承知、依』宣行之、

仁治元年十一月廿日　大史小槻宿禰(季継)在判

少弁藤原(姉小路顕朝)朝臣在判

東寺百合文書　イ函八

○同一案文「ミ函」四四号文書(一)によって省略箇所と磨耗箇所を補った。

九　東寺車宿跡地文書案

（続紙三紙）（二七・六×一一六・三）

○第五通目と第六通目の間が墨線で仕切られている。

洛中守護のため縦横大路の末に武士を据え置く

（端裏書）
「□関東下知以下」

(一)　関東御教書案

関東御教書
校正了、
為洛中守護、可被居置武士於』縦横大路之末々候、而当寺領唐橋』。、南大宮東角、其便宜候云々、被立替』他所候哉之由所候也、恐々謹言、

嘉禎四年
五月廿四日　　左京権大夫（北条泰時）在判
　　　　　　　修理権大夫（北条時房）在判

東寺執行御房（成慶）

表書云、
東寺執行法眼御房　　左京権大夫泰時

車宿跡

大番衆の勤役を止め在京武士を以て守護せしむ

（二）　左衛門尉某・左衛門尉某連署添状案

校正了、
当寺車宿跡地事、御教書如此候、』恐々謹言、
（嘉禎四年）
六月十八日　　左衛門尉在判
　　　　　　　左衛門尉在判
謹上　東寺執行（成慶）法眼御房

（三）　六波羅探題北条重時請文案

校正了、
東寺車宿跡地唐橋南、大宮東角篝屋、事、』寺解謹給候了、於篝者、雖被止大番』衆之懃（勤）役候、以在京武士可守護之由、』被下関東御教書候之間、令下知其旨候、』一向非停止之儀候、雖然、可令言上此由於』関東候、以此趣、可有御披露候乎、恐惶謹言、
寛元四年
正月十九日　　相模守重時（北条）在裏判

(四) 六波羅探題北条長時書状案

校正了、
『東寺車宿跡敷地間事、関東御』請文給候了、此上者、如元可為寺家』御進止候歟、恐々謹言、

建長元
六月十日　左近将監(北条長時)在判

(五) 日野資宣奉書案

校正了、
『東寺東面在家事、廿「丈」〔○書き直〕定、〔加本十一丈〕』早可被退候、又寺内失火事、能々』可令用意之由、殊可令下知給旨、』御気色所候也、以此旨、可令披露給』候、仍執達如件、

建長五年
十一月十日　左衛門権佐資宣(日野)

寺務■■〔上乗院〕宮僧正道乗、
直任寺務、頼仁親王御子、

謹上　大納(言脱)「僧」〇書き直都御房

（六）　小槻有家書状案

此状ヲハ不可被遊、

校正了、

寺辺在家可破却事、任被仰下之旨、』下知史生是直「候了」〇書き直、禄法事、下知』官使之後、官一切不知及之例候、』強可有其法之由、不存知候、如何、恐々謹言、

建長五

十月十八日　左大史有家(小槻)

一〇　若狭国太良庄末武名々主藤原氏女地蔵御前陳状

（続紙三紙）（三五・七×一四五・四）

若狭国(遠敷郡)太良御庄内末武名主藤原氏(地蔵御前)披陳言上、

中原氏女の無理謀訴を止められんことを乞う

雲厳開発領

雲厳甥乗蓮

欲早停止中原氏女無理謀訴并被止当国御家人等連署、当名主職』事、
或於乗蓮（辻家仲）証文者、依為偽書、申無正文由、或依為非御家人、申当』役
闕如由、且破前六波羅殿御教書、且背領家東寺御方、訴申条々無謂』
子細事、

副進

一通　　雲厳譲状案沙弥乗蓮譲之、元仁二年正月廿日

一通　　六波羅殿御教書案正嘉二年三月（十）廿七日

一通　　故参河僧正（菩提院行遍）御房御返事案同年同日

六通　　為御家人役、自正嘉元年至于建治二年関東御教書等案

一通　　前守護（藤原宗数）使点札案弘長二年五月七日

件元者、当国重代御家人出羽房雲厳譲状之旨明白也、

一彼訴状云、御家人丹生出羽房雲厳、先祖開発領也云々、取詮、

就之言之、雲厳先祖開発之条勿論之次第也、然者乗蓮依為』雲厳

之甥、無子息之間、立嫡子、譲彼名主職畢、且譲状之面顕然』也、彼
中原氏、為雲厳非親類、以何今申状可被載相親旨哉、偏』謀案之至
極也矣、

一同訴状云、可興立旧御家人跡之由、任関東御教書旨、就御家人等』訴
状、自六波羅殿有御沙汰之日、故参河僧正御房御知行之時、両方』御
問答御教書数通之後、自僧正御房依令去出給、任相伝之道理』拝領
云々、

就之言之、此条極虚誕也、旧御家人跡御興立之時、中原氏全』不令
拝領者也、任相伝之証文、自六波羅殿、以数通之御教書、被執申』
乗蓮於領家之間、所詮、両方可被召決之由、自領家被申之処、氏
女』依不令対決、即乗蓮令拝領畢、此条且結句御問答御教書進覧』
之、掠申之旨令露顕者歟、相伝之条、以彼御成敗併仰　御上察者
也、

乗蓮証文偽書たるにより正文無し

一重訴状云、於乗蓮証文者、依為偽書、無正文之間、於氏女者、帯次第証』文之旨、就令申、有御尋両方証文之処、偽書露顕之間、被付氏女』畢云々、取詮、

就之言之、此甚不実申状也、全依被弃置証文不被付氏女、以前』如令言上、氏女依令遁避対決、宛賜乗蓮之後、数年令領知之間、更』無他妨之処、依他郷非分事、守護使令入当庄之間、聊領家有』御勘気之刻、得折、以種々秘計申賜者也、且氏女所副進之領家』奉書顕然也、諸事諒（掠）申之条、以之可有御景迹者也、

所領知行法

一同状云、所領知行之法、以証文為宗、何不帯一紙之証文、可宛賜乗蓮』女子哉云々、取詮、

就之言之、状旨甚無其謂、先不帯一帋証文者、争可補当職哉、』且次第証文等備進之上者、不可及御不審、於此段者、偏仰　御上察者也、

守護使を引入る

一同状云、有引入守護使咎之由訴申之条、無跡形虚言也、引入何使、令』損何物哉、可差申之旨、度々雖令申、自元為無実之間、不差申之』上者、乗蓮女子等虚言、已令露顕云々、取詮、

就之言之、状旨、旁水火也、其故、於引入守護使事者、且中原氏』入部御領之刻、語先守護使、立点札於作麦之上者、争可論申』哉、且其時点札案文進覧之、誤天以守護使苅取作麦之事、庄』家無其隠、是等虚言等罪科弥重也、点札明白之条顕然也、偏』可有御景迹者也、

乗蓮は御家人に非ず

一御家人等連署状云、乗蓮非御家（人脱）云々、取詮、

就之言之、状之趣、旁虚誕之至極也、乗蓮存生之時、無訴訟』止早、今更何被語氏女、被捧謀状之条、非正直之沙汰、乗蓮御』家人之条、事新申状也、先祖自宮河権守頼成以降、至于乗蓮』為四代相承之御家（人脱）之上者、為彼嫡女得其譲、至当年八月、令』勤仕御家人役、且

関東御教書等案進覧之、如此相伝分明之上者、』争各奉掠上、輙被
申自由虚言等之条、且非令破彼御教書等』哉、罪科不軽者也、
一同状云、当名為往古御家人領之処、被宛百姓公事之条、無謂次第也云々、取詮、
就之言之、為領家御進退之地、争可令対捍御公事哉、且乗蓮』拝領
之時、御問答御教書顕然之故也、
一同状云、于今不申陳状御返事之条、遠背武家歟云々、取詮、
就之言之、偏吹毛申状也、於奉遠背武家者、争可為御家人、還』有
恐申状也、且為遠路聊及遅々者、世上之通例也、
以前条々、大概如此、且相伝証文明白之上、且任六波羅殿先』御成敗等、
被停止彼等之濫訴者、弥仰　御憲法之貴、仍披陳』言上如件、
建治二年十月　日　「藤原氏女」上(自署6)

今日は人の上たるといえども明日は身の上

一一　若狭国太良庄百姓綾部時安等連署重申状

（続紙二紙）（二九・八×八五・七）

（端裏書）
「太良百姓等」

若狭国太良（遠敷郡）御庄百姓等謹言上、
欲早被停止宗氏（藤井）無理濫訴、任観（勧）心譲、重真（小槻）領』知不可有相逺由、蒙御
成敗、観（勧）心名半分間事、
件元者、彼名田重真一円可令領知之由、先度』一同令言上畢、而百姓等
挿別意趣、執申之由、『宗氏立申之条、極無実也、其故者、如此相伝之』
名田等、無指罪科、於宛賜掠申之輩者、今日者』雖為人之上、明日者又
為身之上者歟、此条依為』不便之次第、且為無土民愁訴、且為御領静謐、
令』言上者也、尤可有御賢察哉、於相伝之由緒者、観（勧）心』所領知及七十
ケ年、其間領家又三代也、如此経年』序、更無他妨之処、勧心死去之後、
宗氏以種々』秘計掠申之条、猛悪之至極也、早任相伝之道』理、重真一

円令拝領者、弥仰御憲法之貴矣、』仍百姓等重言上如件、

弘安元年五月　日　綾部時安（花押7）

凡海貞守（略押8）

小槻重真（略押9）

大中臣友永（花押10）

源時末（花押11）

一二　六角油小路家地手継券文案（中欠）

（一）源貞重私領地売券案　（一）～（二）（二七・一×三七・六）

売渡　私領壱所事、

合肆「拾」（○丈に重ね書）丈、口四丈三尺、奥九丈三尺、

在六角北、油小路西、六角面、

右件地者、源貞重相伝私領也、而依有要』用、直銭参拾参貫、安倍友清

限永代』所令売渡実也、且相具本公券并（験）別当』宣・明法勘状・問注記等、渡与之状如件、

建保四年八月八日　源（貞重）在判

（二）　沙弥妙蓮私領地売券案

――――（後欠）――――

売渡　私領地事、

合壱所者、口東西弐丈壱尺伍寸、奥南北玖丈三尺、六角以北、油小路以西、六角面北頬、

右件地者、沙弥妙蓮之相伝私領也、而依有要用、

○正元々年八月二十三日付のもの、後欠部分は「ム函」四号文書（一）。

（三）　沙弥妙蓮私領地売券案　（三）～（六）（続紙二紙）（二七・一×七四・五）

――――（前欠）――――

沙弥妙蓮

二枚

孫兵衛次郎在判

二女子安倍氏在判

○建長六年二月十日付のもの、前欠部分は「ム函」四号文書（一）。正文は「ウ函」一二号文書。

(四)　観阿弥陀仏私領地譲状案

ゆつりわたす《譲渡》　しりやう《私領》の地の事、
合壱所者、在所四至等ハ見于本券文、
右くたん《件》の地ハ、くわんあミた《観阿弥陀》仏かさうてん《相伝》のし』りやうなり、しかるを、いま《今》まこ《孫》ひめやさ《姫夜叉》御せん《前》』に、なかく《永》ゆつりわたすところしち《実》なり、』さらにた《他》のさまた《妨》けあるへからす、よて』本けん《券》てつき《手継》ら《等》五つう《通》をあいそへ《相副》て、ゆ』つりわたすしやう《状》くたんのこと《如》し、
弘安五ねん七月二日　くわん阿在判

平氏女在判

草部氏重在判

○正文は「み函」七号文書（一）。

（五）　草部氏女私領地売券案

本券・手継・法家勘状等を副う

売渡　私領地事、

合壱所者、口東西肆丈参尺、奥南北玖丈参尺、六角油小路、油小路西、北面、

右件地者、草部氏女相伝私領也、而今依有』要用、直銭玖拾肆貫百七十二文仁、限永代所』売渡于性蓮。御房実也、更不可有他妨、若於有』違乱者、売主并加暑（署）判之輩相共、可致其明、』仍相副本券手継并法家勘状・祖母譲状等、』已上六通、勒新券文、所売渡之状如件、

弘安五年九月廿日　売主草部氏女在判

平氏女在判

比丘尼観阿在判

○正文は「み函」七号文書（二）。

（六）　草部氏女私領地売券案

売渡　私領地事、

合一所者、口東西参尺五寸、奥弐尺、在所見于本券文、

右件地者、草部氏女相伝之私領也、而今依』有要用、所売渡于性蓮房実也、直銭見于』本券文、若於此地有違乱之時者、売主并』加暑（署）判輩相共、可致其明、猶以不落居者、』以直銭之内、当此地寸尺可弁返、仍為向後、』勒新券文之状如件、

弘安五年九月廿日　　売主草部氏女在判

平氏女在判

比丘尼観阿在判

加署判輩

○正文は「み函」七号文書（三）。

大師生身供
建治院宣

一三　後深草上皇院宣案　（三一・二×四七・〇）

（端裏書）
「立文
正応五　二　十三日」

（端裏上書）
「　按察殿之御つほね（局）へ　よりちか」

（丹波国船井郡）野口庄のやく（役）東寺『（空海）大師の生身供の事、』供僧とも（共）か申状、かく候、』建治の院宣にまかせ（任）て、』御けち（下知）候へきよし、御』気色候也、あな』かしこ〳〵、

正応五年二月十三日　（葉室）頼親

○正文は「東寺文書　数三」にある。

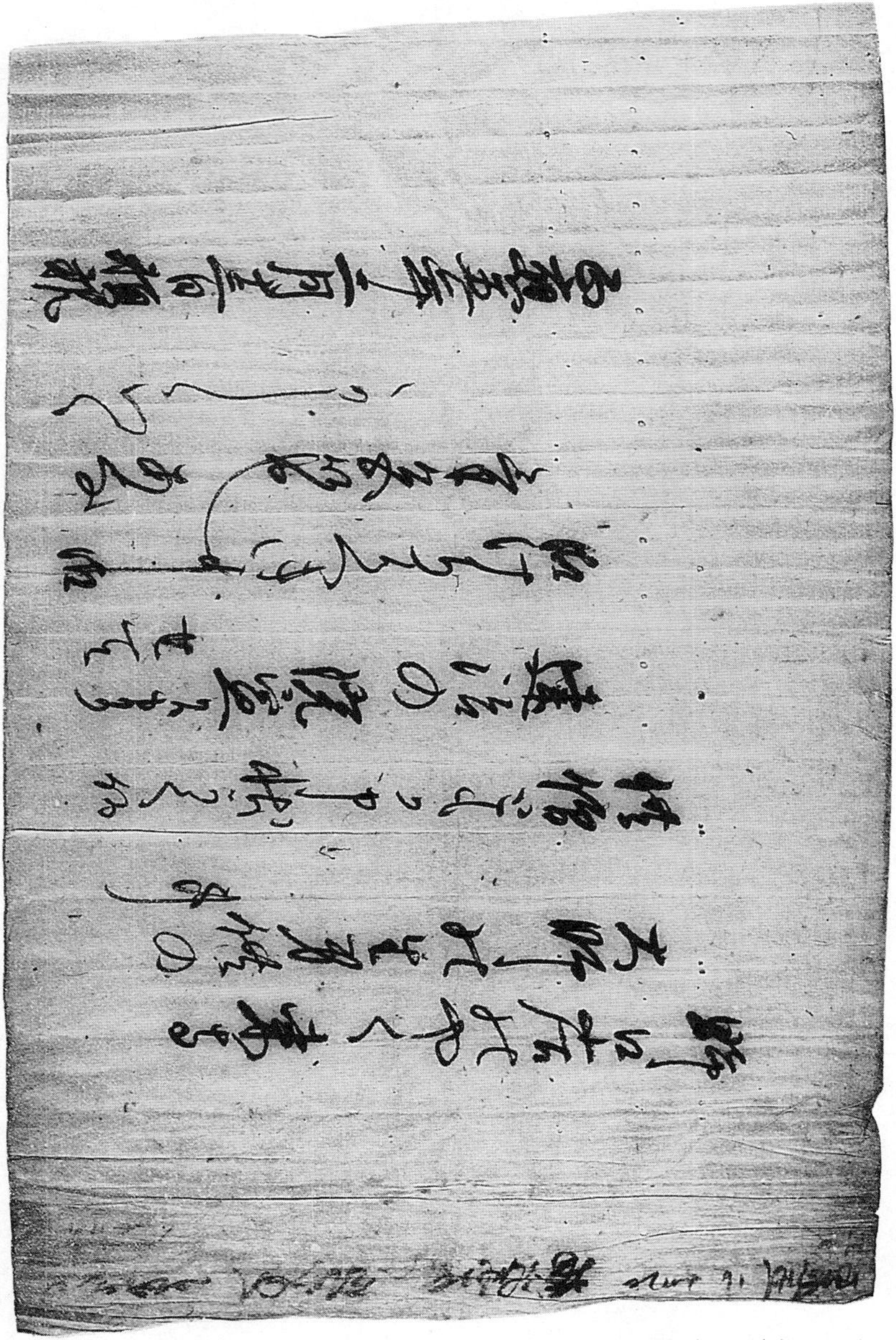

一三　後深草上皇院宣案

斎郡用途

一四　丹波国大山庄大嘗会役文書案　（三四・三×五三・九）

（端裏書）
「奉行返状案」

（一）　葉室頼房書状案

（丹波国多紀郡）
大山庄役大嘗会主基斎郡用途』事、執行厳伊（按察）僧都重申状副具書、』給候了、早可申入候也、恐惶謹言、

永仁六
十月廿九日　　右少弁頼房（葉室）

（二）　葉室頼房書状案

（丹波国多紀郡）
大山庄大嘗会役事、以此趣、早可』申入候也、恐惶謹言、

永仁六
十一月十九日　　右少弁頼房（葉室）

一五　若狭国太良庄文書案　（続紙三紙）（二七・一×一三七・二）

（一）　若狭国太良庄領家雑掌尚慶・地頭若狭忠兼代良祐連署和与状案

（端裏書）
「関東太良就沙汰東光院殿以御教状（ママ）申状之具書等案」

東寺領若狭国太良庄（遠敷郡）領家雑掌尚慶与地頭若狭』次郎忠兼代良祐、令

和与条々事、

一勧農事、

宝治下知状

帯宝治御下知、雑掌年来致沙汰之上者、不及子細矣、

百姓名六名

一百姓名為六名事、

和与之上者、不及改沙汰矣、

一助国名事、

抑留物

於下地者、任先例、令停止地頭綺旱、年々抑留物由』事、和与之上者、

於半分者、遂結解、不日可糺返者』也、向後更不可有違乱矣、

一柒段参佰歩畠事、

伏田検注勘料

薬師堂馬上免

脇在家

大芻

止本所之訴訟畢、宜為地頭進退「也」(○矣に重ね書)矣、

一依地頭非法、百姓等難安堵由事、

於非分事者、一向令停止早矣、

一公田壱町事、

為伏田、地頭可被領作也、後年検注之、(時者脱)弁勘析、』可令領作者也矣、

一末武名事、

如元可為領家進止者也、地頭更不可及訴訟矣、

一公文職并薬師堂馬上免田畠事、

被止本所訴訟畢、此上者、如元可令地頭進止者也矣、

一本百姓外宛別役於脇在家由事、

一地頭佃米事、

一大芻事、

已上三箇条、寛元御下知分明之上者、(正文「可」なし)不可及子細矣、

右条々、及上訴、雖番訴陳、所令和与也、於向後者、相』互固守此旨、不可遂犯、若背此状、致遂乱者、且被悔』返和与分、且可被処別罪科也、仍(為脱)後日和与之状如件、

永仁弐年四月　日　地頭代僧良祐在判

雑掌僧尚慶在判

○正文は「ヒ函」一六号文書。これによって脱字などを補った。また正文は奥下署判である。

（二）　六波羅注進状案

一　於六波羅致沙汰事

嘉元二年五月初問、徳治三年三月三問早、

関東注進状案

東寺領若狭国太良庄(遠敷郡)雑掌申、下』地以下所務事、訴陳状具書等相副』目録謹進上候、以此旨、可有御披露候、』恐惶謹言、

諸堂仏事興行

延慶三年（マ　マ）二月七日　越後守平時敏（北条時敦）（ママ）裏判
右馬権頭平貞顕（金沢）同

進上長崎左衛門入道殿（円喜高綱）

（三）　後宇多上皇院宣案

一　於関東経年序事、
今年元亨三十五年云々、
若狭国太良保（遠敷郡）、如元所被返附教王『護国寺也、偏令興行諸堂之仏』事、
宜奉祈請萬年之　聖運、『早存此旨、可令下知寺家給者、
院宣如此、仍言上如件、『宣房恐惶謹言、
正安四年正月十六日　兵部少輔（万里小路宣房）在判奉
進上　長者僧正御房（勧修寺信忠）

○正文は「東寺文書　数六」にある。

道深法親王の寄進

式乾門院領太良保もと歓喜寿院領

公家祈禱用途

（四）　官宣旨案

左弁官下若狭国

応任二品法親王(道深)家寄進状、永為教王護国寺』領、停止勅院事・大小国役・国郡使入部、宛』置公家御祈用「途」(○書き直)、当国(若狭)太良保(遠敷郡)事、

右、得彼寺三綱等今月十日解状偁、得二品法親王』家寄進状偁、当国者式乾門院(利子内親王)之御分、当保者本』是歓喜寿院之領也、一旦雖有被国領之事、重』被申子細之間、可為法親王御領之由、所被奉免』也、以之被寄進当寺、以其地利宛寺用、勤行』公家御祈、奉資天長地久之御願、可祝』継嗣繁昌之御運、加之、不忘七条院(藤原殖子)之御願、欲翊』三菩提之妙果云云、寺官等各以歓喜、所経奏』聞也、望請天裁、任法親王家御寄進状、以件』保、永為当寺領、為公家御祈用途、積三密』之薫修、祈万乗之徳祚者、権中納言藤原朝臣(大炊御門)』冬忠宣、奉　勅、依請者、国宜承知、依宣行』之、

仁治元年十一月廿日　大史小槻宿禰(季継)在判

興福寺公人
入部

(少)小弁藤原朝臣(姉小路顕朝)在判
承久三年官符前（仍）在之、書不止、

一六　藤氏長者鷹司冬平宣案　(二九・〇×四三・三)

(端裏書)「平野殿公人入部事長者宣案 延慶三　八　十　同十三日被下南都了、」

東寺領平野殿庄(大和国平群郡)』当寺(興福寺)公人入部事、成恵僧正(安祥寺)』状副具書、如此、々事先度』被
申候了、此上可為何様』候哉之由　長者宣所候也、可令』申入給、仍執
達如件、
八月十日(延慶三年)　左中弁冬定(中御門)
謹上　大納言僧都御房(聖無動院道我)

一七　寺辺水田文書案　(三四・二×五三・〇)

○裏に真聖の花押12がある。

寺住定額僧として相伝

(端裏書)
「長者安祥寺」

（一）東寺長者安祥寺成恵御教書案

寺領四坪内弐段大名主職事、真聖(卿)入寺』為寺住定額僧、相伝非無其寄候、然者、』早領知不可有相違之由、長者(安祥寺成恵)法務御房』可申旨所候也、恐々謹言、

応長元年
十月十日　法印良伊

謹上　別当(宝菩提院亮禅)法印御房

○正文は「ル函」二七号文書(三)。

（二）凡僧別当宝菩提院亮禅書状案

領知分寺領水田事、良伊法印奉書』如此、可令存知給、恐々謹言、

(応長元年)十月十一日　亮禅(宝菩提院)

(真聖)卿入寺御房

○正文は「ル函」二七号文書(二)。

一八　定額僧真聖田地寄進状

(三四・〇×五三・〇)

長者宛文

大師の冥助

(端裏書)
「真聖入寺寄進状二段大田事」

東寺西院御影堂

奉寄進　水田事、

合弐段大者、在九条坊城四坪、東縄本、東寺領内也、

右水田者、真聖所令買得相伝也、彼売』主等証文并長者(安祥寺成恵)宛文等明白也、件』案文等備進之、爰故厳誉(大夫)律師』聊有申置之子細之上、真俗悉地偏』奉仰大師(空海)之冥助之間、以件水田、永代』所奉寄進御影堂也、但毎年所役』子細別帋載之、為後日亀鏡、故寄』進之状如件、

応長弐年弐月廿一日　定額真聖(卿)(花押13)

沽券・長者御教書留め置く

十一月二日仏事

一九　定額僧真聖請文

（三三・七×五三・四）

（端裏押紙）
「真聖入寺寄進之状請文」

請申、

御影堂寄進水田弐段大所役事、

右水田、依為相伝之地、所寄進御影堂』也、其旨趣載寄進状畢、但於下地者、領知』如元不可有相違、且本券等数通所令所持』也、又慶尊等沽券并長者安祥寺（成恵）御教書正』文等者、留置于真聖之許候也、案文』備進之、於所役者、毎年十一月二日仏事（弁親誉）』布施厚紙拾帖可備進者也、仍故請』申之状如件、

応長弐年弐月廿一日　真聖（卿）（花押14）

二〇　御室宮寛性法親王令旨

（三四・二×五三・三）

（端裏書）
「御室令旨」

御影堂領として相違なし

藤原顕季以来十代相伝

先師遺命

（卿）真聖入寺相伝水田二段』大寄進状之旨、披露之』処、向後為御影堂領、』永代不可有相違、且任真聖』解状、可被専紹隆之由、』御室（寛性法親王）御気色所候也、仍執達』如件、

（附箋）「正和弐年」五月廿日　　法印（教王院）「経誉」（自署15）

謹上　東寺供僧御中

（三三・五×五二・三）

二一　卿真聖田地寄進状

（端裏書）「真聖入寺寄進状　三月廿一日百種事」

東寺御影堂　奉寄進水田壱町事、

在山城国（乙訓郡）菱河庄、

右水田者、雖為立針之地、為頭家職、自六条修理（藤原顕季）』大夫以来、十代相伝之私領也、而依高祖仰信之』至、任先師（大夫厳誉）遺命之旨、所寄進当寺御影堂也、』於所役分者、別紙載之、任彼注文、毎年無懈怠、』可致沙汰状如件、

灌頂院御影供百種料

正和四年四月廿一日　　大法師真聖(卿)（花押16）

二二　卿真聖請文　（三三・四×五三・〇）

（端裏書）
「真聖入寺請文　御影供百種事」

相伝私領山城国菱河庄(乙訓郡)水田壱』町事、奉寄進当寺御影堂畢、寄進状在別帋、』於
所役者、三月廿一日御影供百種』代壱貫文、毎年無懈怠、可致其』沙汰
之状如件、

正和四年四月廿一日　　大法師真聖(卿)（花押17）

二三　大和国平野殿庄下司平市熊丸瓜送進状　（二九・二×四四・三）

（端裏書）
「(大和国平群郡)
平野殿
下司送文　苽(瓜)　正和四七月廿三日」

例進御苽(瓜)』卅令進上候了、

地頭と与同し不調・不法の思いをせざるを誓う

「正和四」（異筆）七月廿三日

下司平市熊丸（花押18）

進上

二四　丹波国大山庄沙汰雑掌実信起請文　（三〇・三×四二・〇）

（端裏書）「大山庄沙汰之雑掌請文正文文保二戊午五月六日」

東寺御領（丹波国多紀郡）大山庄地頭中沢三郎左衛門入』道尊蓮（基員）与当寺雑掌相論、下地押領追捕狼』籍（藉）事、

右子細者、為当寺御雑掌沙汰仕候之上者、令』与同彼地頭尊蓮、成不調不法之思、奉為当』寺不可存等閑之儀、若此条構申虚誕候』者、日本六十余州大小神祇、殊王城鎮主（守）諸大』明神、別当寺伽藍護法天等、八幡大菩薩・』山王七社・北野天神、神罰・冥罰可蒙実信』八万四千毛穴

每候、仍状如件、

文保弐年五月六日　　僧実信（花押19）

二五　若狭国太良庄文書案

（二九・三×四二・四）

（一）　後宇多上皇院宣案

（端裏書）
「院宣　令旨案」

院宣案

若狭国可為御分国之由、御気色所候也、』可令洩申入高倉准后（藤原忠子）給、仍執達如件、

文保二年四月六日　大納言師信（花山院）

頭殿（吉田隆長）

（二）　談天門院藤原忠子令旨案

高倉准后御分国

令旨案

若狭国太良保（遠敷郡）『御知行候へきよし』談天門院（藤原忠子）　令旨候なり、』あなかしこ、〳〵

文保二年四月廿八日　御判

近衛とのゝ御つほね（局）へまいる

㈢　某宛行状案

御宛文案

わかさのくに（若狭国）太良保（遠敷郡）よく〳〵御ふきやう（奉行）候て給へく候、』りやうし（令旨）のあん（案）まいらせ（ママ）

ふんほう（文保）二年五月二日　御判

㈣　若狭国太良保預所好遠施行状案

東寺百合文書　イ函二五

施行案

若狭国太良保（遠敷郡）　院宣并談天門院（藤原忠子）令旨案所』被下候也、仍執達如件、

五月十五日（文保二年）　　預所好遠判

太良保御沙汰中

二六　丹波国大山庄段銭文書案

（二八・六×四三・七）

（端裏書）「大山指図等」

（一）　後宇多上皇院宣案

大嘗会役夫工米以下恒例・臨時国役を免許

教王護国寺領丹波国大山庄（多紀郡）大嘗会』役夫工米已下、恒例臨時国役、永所』被免許也、可令存其旨給者、依』院宣、執達如件、

文保二年十一月二日　　万里小路一品宣房

御判

謹上　長者僧正御房（宝持院顕誉）

○正文は「せ函　南朝文書」六号文書。

（二）　光厳上皇院宣案

東寺領丹波国大山庄（多紀郡）大嘗会臨時・段米事任例』可被免除之、院宣如此、仍上啓如件、
（暦応元年）十一月十五日　右少弁（平親名）在判
謹々上　長者僧正（真光院成助）御房

○正文は「こ函」六五号文書。

（三）　六条有忠奉書案

東寺領丹波国大山庄（多紀郡）申、大秡使譴責事、』奏聞処、背先例、致群責云々、所』被停止彼責也、早可被全寺用之由、』御気色所候也、仍執達如件、
十二月六日　御判（六条有忠）（奉脱）
（謹上脱）大夫僧正御房

○正文は「オ函」二六二号文書。これによって脱字を補った。

中沢基員後家代親重請文を出す

二七　能勢善昭請文　（三三・二×五二・五）

（端裏書）
「能勢判官代入道請文　正中二　四　七」

東寺領丹波国大山（多紀郡）庄雑』掌頼俊申、当庄地頭中沢』三郎左衛門入道尊（基
員）蓮後家押』作田地、抑留年貢由事、今年』二月十五日御教書并重申状・』
具書謹下預候早、任被仰下』旨、可参決之旨、相触候之処、後』家代親重
請文如此候、此条偽申』候者、可罷蒙日本国中諸神御』罰候、以此旨可
有御披露候、恐惶』謹言、

正中二年四月七日　　沙弥善昭（能勢）請文（裏花押20）

二八　摂津国垂水庄下司職相論文書案　（続紙五紙）（二七・二×一六五・五）

（一）　関東下知状案

摂津国垂水庄（豊島郡）下司職事、

幕府采女出雲局を下司職に補任

右、先下司重経、依為平家与党、令没収置所帯之』処、采女出雲局、当庄者先祖開発之地、下司重代之所』也、任根本々主之旨、欲宛給之云々者、公人訴訟依難黙止、』令補任彼職之状、依鎌倉殿仰、下知如件、

元久元年九月六日

遠江守平(北条時政)在判

幕府下司家行の大番以下の役を免除

（二）　関東御教書案

摂津国垂水庄(豊島郡)下司家行(藤原)申、大番以下役事、任歎申』旨、被免除之状如件、

建保二年十一月四日

相模守(北条義時)在判

（三）　関東裁許状案

摂津国垂水庄(豊島郡)預所法橋承宣与下司藤原家行并』公文藤井重綱相論、

当庄年貢等事、

右、如問注所元仁元年十一月日勘状者、両方申状子細雖□(多)、』所詮、承

寺務渡庄

下司・公文重代相伝所職

下司・公文をして年貢を沙汰せしむ

宣如申者、当庄者東寺々務遷替之渡庄、『下司・公文者、自本所申給安堵下文、乍全相伝、不叙用』預所成敗、猥抑留年貢収納之条、無謂之由申之、如家□(行)』申者、為渡庄之条無子細、仍寺務雖有遷替、下司・公文者』為重代職而所相伝来也、但申給本所下文者、備』于相伝之所見、為断後代之新儀也、而年貢以下寺役』(等脱)者、自往代、為下司・公文之沙汰、運上之処、承宣号預所、擬』令直納之条非儀也云々、承宣所申、聊雖似有子細、渡庄』之旨、両方承伏上、年貢等事、自往代為下司・公文沙汰之由、家』行雖申、承宣敢無申旨、寄事於安堵下文、雖申子細、寺務』(者脱)一代管領之本所、下司・公文者重代地下之明鏡也、一旦補任預』所等難改、重代地下沙汰□(歟)□(者)、停止承宣新儀□(之)』直納、如元家行・重綱等可致其沙汰之状、依仰下知如件、

元仁二年四月二日　　武蔵守平(北条泰時)判

○安威性遵の校正案文が「京函」四三号文書（四）にある。これによって脱字を補った。

興福寺衆徒教真悪党を率いて庄内に乱入

（四）　六波羅裁許状案

摂津国垂水庄(豊島郡)下司采女播磨局代唯勝申、興福寺』衆徒春性房教真以下輩、打入当庄、押領下司進止田』畠、刈取作稲、致狼藉由事、

右、如播磨局所帯元久元年九月六日関東御下知(状脱)者、摂津国垂水』庄下司職事、(右脱)先下司重経依為平家与党、令没収置所帯』之処、采女出雲局、当庄者、先祖開発之地、下司重代□(之)』所也、任根本々主之旨、欲宛賜(給)之云々者、公人訴詔依難黙止、』令補任彼職云々、爰号預所、承宣可致年貢直納之由、雖及訴』訟、停止新儀之(正文「之」なし)直納、下司如元可致其沙汰之旨、元仁二年四月』二日預同御下知畢、加之大番以下役事、任歎申旨被免除之』由、建保二年十一月四日給同御教書以来、自出雲局、至播磨』局、五代相伝知行無相違之処、去正安四年教真以下輩、引』率悪党、打入当庄、致濫妨狼藉之旨、唯勝就訴申、為』伊地知右近将監長清奉行、度々相触寺家畢、為定奉』行之後、延慶二年七月十二日・同三年九月廿四日

元久・元仁下知に任せ播磨局に下司職を安堵す

重触申寺務』一乗院（良信）家之処、如同年十一月十日御返事者、摂津国垂水庄』下司采女播磨局代唯勝訴事、令尋下知之処、澄寛法橋』状副具書、如此、子細見状云々、如澄寛同八日状者、尋下知寺僧教真』春性房候之処、請文如此候、子細見状候歟云々、如教真同三日請文者、『於教真者故不相綺候云々、自余略之、者、教真不相綺之由、載』請文之上者、可預裁許之旨、唯勝所申非無其謂、然者於』彼下司職者、任元久・元仁御下知、播磨局可令領掌之状、下知』如件、

正和二年八月七日

（北条時敦）越後守平朝臣判

（金沢貞顕）武蔵守平朝臣判

○安威性遵の校正案文が「京函」四三号文書（五）にある。これによって脱字を補い、誤を正した。また、これによると奥下署判である。

（五）　六波羅御教書案

摂津国（豊島郡）垂水庄雑掌行胤申、八木八郎左衛門入道信寂今者死去、』息女日下部

氏女押領当庄事、申状具書如此、不日』可被執進請文也、仍執達如件、

嘉暦四年六月廿八日

越後守（常葉範貞）判

武蔵守（金沢貞将）判

継（縫カ）殿頭殿

（六）　摂津国垂水庄雑掌行胤重申状案

下司日下部氏女の濫妨を止め庄家を雑掌に付せられんことを乞う

東寺領摂津国（豊島郡）垂水庄雑掌行胤重言上、

欲早重被経御　奏聞、被申成　院宣於武家、被沙汰居雑掌』於庄家、称当庄下司日下部氏女停止非分濫妨、令全寺用』間事、

副進

一通　官符案贈四品布勢内親王家御寄附当寺事

一通　長者御下知案佐々目（遺身院有助）僧正坊御寺務時、永代被付庄務於供僧中由事、先進了、

一通　院宣案去七月廿二日被成下之、

右当庄者、為往古之寺領、代々長者御進止之条、敢無相違之』処、近来伺遷替之隙、地下之輩恣令押領所務之間、停止』彼違乱、為被全寺用等、去正中元年佐々目僧正房御寺務之』時、永代被付庄務於供僧中畢、依之知行不可有相違之処、称』当庄下司、日下部氏女相語芥河五郎四郎種直并吹田新左』衛門入道光証・同舎弟彦六明道以下之輩、致濫妨狼』藉、不入立雑掌於庄家之間、就訴申、去七月廿二日雖被成下』院宣、号武家被官、敢不応　勅命、陪々致濫妨之条、凡』前代未聞悪行也、此上者、所詮、重被経御　奏聞、被申成　』院宣於武家、忩被沙汰居雑掌於庄家、為令全寺用、重言』上如件、

正慶元年八月　日

二九　最勝光院執務職等文書案　（二九・一×四五・二）

代々御帰依の由緒他に異る

（一）　後伏見上皇院宣案

寂勝光院寺務以下御寄附』東寺事、官符之趣申入候之処、』被聞食了、当寺代々御帰依之』由緒、𡖋他候歟、殊可被致御祈』禱忠之由、被仰下候也、仍執達如件、

嘉暦三
十月十一日　資名（日野）

帥師〻（宝菩提院亮禅）
輔〻法印御房

○同一案文「ゐ函」三七号文書（一）では宛所の肩に「宝井院」の文字がある。

（二）　後伏見上皇院宣案

寂勝光院執務事、如元所被』寄附当寺也、殊可被専御祈』禱之由、御気色所候也、仍』執達如件、

正慶二年二月廿二日　権大納言（日野資名）判

謹上　東寺長者僧正御房（真光院成助）

○正文は「東寺文書　書十二」にある。

三〇　丹波国大山庄文書案　（三二・七×四六・三）

（一）　丹波国宣案

地頭職東寺に寄附

当国（丹波）大山庄（多紀郡）地頭職、所有御寄附東寺也、可被』存知之旨、国宣所候也、仍執達如件、

元弘三年九月二日　　広員

丹波国目代（猷覚）殿

（二）　後醍醐天皇綸旨案

当国（丹波）大山庄（多紀郡）前地頭（中沢基員）以下輩濫妨事、』道意（勝宝院）僧正状副具書、如此、子細見于状候歟、可被』沙汰居雑掌於庄家之旨、天気所候也、仍執達如件、

元弘三
九月廿四日　　右中弁宣明（中御門）

丹波守殿

○正文は「ヤ函」三一号文書（二）。

三一　足利尊氏御判御教書案　（三〇・〇×四八・四）

（端裏書）
「公文半済給御教書案」

（足利尊氏）
大御所
御判

山城国上久世（乙訓郡）公文作田大弐坊』覚賢参御方之条、殊神妙也、領』家職当名田畠、以半分、為地頭職所宛』行也、且為御家人、向後弥致軍』忠者、重可有抽賞之状如件、

建武三年九月五日

領家職半分地頭職として宛行う

三二　東寺長者真光院成助御教書　（三四・四×五三・四）

（端裏書）
「寺務御教書兼什法印　建武三　九　十五」

冣勝光院執務、当寺』管領不可有相違由事、』院宣如此、可令存知給之旨、』長者僧正（真光院成助）御房所候也、』仍執達如件、

（異筆）
「建武三」
九月十五日　法印「兼什」（摩尼珠院）（自署21）

謹上　東寺供僧御中

三三　山城国上桂庄源氏女訴状并具書案　（続紙一六紙）（三〇・〇×六三七・一）

○第三通目から第一一通目までの校正案文は「ヒ函」三八号文書（一）。

（表紙外題）
「源氏女訴状具書案（葛野郡）上桂庄事□」

（一）　源氏女訴状具書目録

一通　院宣案 被尋下源氏女請文由事

一通　源氏女奸陳状案

一通　修明門院(藤原重子)御処分庄々　　一通　四辻親王家(善統)御譲状案

一通　四辻親王家御下文(案脱)　　一通　後宇多院□(院宣案カ)

一通　殿下(二条兼基)御教書案　　一通　藤原氏女(教明)譲状案

一通　先朝(後醍醐天皇)綸旨案　　一通　院宣案

一通　源氏女第二度陳状案　　一通　後宇多院御奉書案

一通　院宣案　　一(通)□　□

山城国上桂庄源氏女奸訴状并具書等案

（二）　光厳上皇院宣案

*「院宣案　初度」

山城国上桂庄(葛野郡)事、源氏女請文副具書、如此、子細『見状候歟之由、

院御気色所候也、仍執達如件、

建武四

八月十七日　　権中納言経顕(勧修寺)

東寺供僧御中

○正文は「東寺文書　御五」にある。

（三）　源氏女雑掌陳状案

源氏女雑掌謹弁申、

欲早被弃捐東寺所司等支状、任本訴道理、預』安堵　勅裁、山城国上桂庄(葛野郡)事、

副進

一巻　院宣　綸旨并相伝手継証文等案

右当庄者、修明門院(藤原重子)御処分御領之専一也、其次第』見于安貞二年八月五日惣御目録哉、爰彼御跡御相続』四辻故宮(善統)御時、藤原氏女法名教明、依有由緒、賜去正応三』年十月廿五日御譲状・永仁元年八月預宮庁御下文・乾元』二年四月廿三日被成下安堵　院宣・同日殿下(二条兼基)御教書』等、知

正和以後の官符・院宣は根本たるによって上覧に備える

行無依違、而亦源氏女、依得比丘尼教明嘉元』三年十一月十日譲、任彼状、知行不可有相違之旨、建武』元年三月廿四日預安堵　綸旨、領掌無子細之処、四辻』入道親王家雑掌、寄事於十七ヶ所内、依被掠申』安堵　勅裁、源氏女備各別相伝之支証、就訴申、彼雑』掌捧無理陳状之間、此上者、速被止違乱、可預　『勅裁之旨、言上之㝡中、当庄事自東寺以所司等』事書支申之条、所令迷惑也、如彼状者、当庄後宇多院去正和二年十二月　日、御施入当寺、云々、取詮、此』条驚存者也、其故者、如勒先段、当庄者為修明門院』御処分内、被載安貞二年八月五日惣御目録以来、』彼御跡于今無相違之地、正和二年始御施入東寺御』由緒何事哉、仍正和以後　官符・　院宣等事、宜』依根本之上者、謹所仰上覧也、所詮、源氏女帯安貞』以後次第手継并安堵　勅裁、欲全当庄知行矣、仍』粗披諌(陳)言上如件、

建武四年八月　日

（四）　山城国上桂庄相伝系図案

山城国上桂庄相伝系図
（葛野郡）

四辻親王家（善統）＊「十七ヶ所御管領内、以上桂庄、正応三年十月廿五日、御譲与藤原氏女了、」

藤原氏女＊「比丘尼教明　乾元二年四月廿三日預安堵　勅裁了、」

源氏女＊「訴人」　建武元年三月廿四日預安堵　勅裁了、

（五）　七条院藤原殖子処分状案

在御判

七条院（藤原殖子）

修明門院（藤原重子）御処分御所庄々等

一所　水無瀬殿（摂津国島上郡）加井内庄、可被止本所、

藤原氏女に譲与

上桂庄

一所　(山城国葛野郡)仁和寺殿加法花堂、可被止本所、

御庄々三十五箇所追加河嶋庄　　大虫社

山城国

*「裏書云、上桂庄(葛野郡)依有由緒、限永代被譲渡藤原氏女早、
正応三年十月廿五日」

上桂庄可被止本所、　(葛野郡)河嶋庄可被止本所、

広庭庄可被止本所、

(葛野郡)桂東庄内北方

河内国

(若江郡)美濃勅旨可被止本所、

(讃良郡)田原庄

(丹比郡)菅生庄

摂津国

仲庄(有馬郡)可被止本所、
倉殿庄(島下郡)
小松庄(武庫郡)可被止本所、
近江国歟、
中津庄(西成郡)
右大弁位田

伊勢国
野俣道庄可被止本所、
錦嶋御厨可被止本所、
志摩国歟、
吉津御厨(度会郡)可被止本所、

美濃国
弾正庄(本巣郡)御筆状在之、
鵜飼庄(方県郡)

(不破郡)国分寺可被止本所、

越前国

(丹生郡)織田庄法花堂領　(丹生郡)大虫社

(丹生郡)杣山庄

毛戸岡庄

(敦賀郡)菅原鳩原庄

近江国

(愛智郡)大国庄御筆状在之、可被止本所、

(高島郡)三尾新宮

(野州郡)吉身庄

和泉国

(南郡)永吉「名」○書き直

丹波国
（桑田郡）田能庄法花堂領、可被止本所、
大和国
（宇陀郡）檜牧庄法花堂領、可被止本所、
（平群郡）安堵庄同
（葛上郡）部坂庄
遠江国
（引佐郡）気賀庄
淡路国
（津名郡）菅原庄可被止本所、
周防国
（熊毛郡）束荷庄

肥後国
(詫麻郡)神倉庄子細見御筆状、
(八代郡)小野鰐庄可被止本所、
筑前国
(鞍手郡)植木庄法花堂、可被止本所、
安貞二年八月五日
七条院
在御判
すめいもん
被分止本所十七ヶ所、後代更』不可有相違耳、
(附箋)「後宇多院震(宸)筆云々、」

（六）　四辻宮善統親王袖判譲状案

*「四辻親王家御譲状」

譲状目録等裏書を加う

七条院忌日用途

御判四辻（善統）親王家

山城国上桂（葛野郡）庄者、四辻親王家代々御相伝之地也、而依』有由緒、限永代所譲遣藤原氏女実也、於次第御』証文者、被載他事之間、不被副之、且七条院（藤原殖子）』安貞二年八月五日御譲状目録等、被加裏「書」（○判に重ね書）之』上、為無後代之違乱、今御放状袖所被加上判也、』仍云当時、云未来、不可有他妨、氏女一事已上、永代』可令進退領掌、但毎年九月　七条院御忌日用途』参結者、為当庄役可致其沙汰者也、仍為後代亀』鏡、依　仰状如件、

正応三年十月廿五日

粟田口少将

長教○裏判

（七）　四辻宮家庁下文案

*「四辻親王家御下文」

無品親王（善統）家庁下　山城国上桂（葛野郡）庄官等

可早任御譲状旨、令藤原氏女子孫相伝、全』七条院（藤原殖子）御忌日役当庄事、

右、今月　日彼代解状偁、当庄者、当家代々御相伝之』地也、而依有由
緒、永代氏女所譲賜也、於次第御証文等者、』被交他事之間、不被副之、
仍云当時、云未来、不可』有他妨、氏女事已上、(一脱カ)永代可令進退領掌、但
毎』年九月七条院御忌日用途参結、為当庄役可致』其沙汰云々、者、早任
御譲状之旨、藤原氏女孫令相伝』領掌、於御忌日役者、追年無懈怠可勤
仕之状、所仰』如件、庄家等宜承知、不可違失、故下、

永仁元年八月　日　知家事散位安倍朝臣在判

別当左近衛権中将藤原朝臣在判
右近衛権少将藤原朝臣在判
右近衛権少将藤原朝臣在判

右近衛権少将藤原朝臣在判
左兵衛佐藤原朝臣在判

（八）　後宇多上皇院宣案

大覚寺殿御代

*「院宣案」

山城国上桂（葛野郡）庄、如元可知行之旨、可有御下知氏女之』旨、
院御気色所候也、以此旨可令申入給、仍執達如件、

于時左大弁宰相経継（中御門）卿

乾元二年四月廿三日　参議在判

治部少輔（坊城俊平）殿

（九）　関白二条兼基御教書案

*「殿下御教書」

上桂庄（山城国葛野郡）の事、　院宣かやうに候、相伝のおも（趣）』むき、きこしめしひらか
れ候につきて、』御さ（沙汰）た候へハ、行するゑ（末）まても、さうゐ（相違）候ハし』と思食
れ候よし、殿下 中院殿（二条兼基）御気色候也、』あなかしく、

坊城中納言(俊定)子息
殿下執事治部少輔俊平
としひら

(乾元二年)四月廿三日

教明の御房へ

(一〇)　比丘尼教明譲状案

*「藤原氏女譲状案」

譲渡　山城国(葛野郡)上桂庄事、

右所者、藤原氏女今者出家号教明、さうてん(相伝)のりやう(領)なり、』しかるにあいした(相親)
しきあひた(間)、源氏女永代を』かきり(限)て、ゆつり(譲)わた(渡)すところ也、すなは
ち四』つし(辻)の親王(善統)家の御ゆつり状・同ちやう(庁)の御くた(下)』し文、ならひに
院宣・殿下(二条兼基)の御けうそ(教書)以下の』てうと(調度)のせうもんら(証文等)をわたしをハり
ぬ、後代』さらにさをひ(相違)あるへからす、仍ゆつり状如件、

嘉元三年十一月十日　　比丘尼教明在判

（一一）　後醍醐天皇綸旨案

*「綸旨」

山城国上桂庄(葛野郡)事、源氏女任相伝、如元知行』不可有相違者、

天気如此、悉之、以状、

建武元年三月廿四日　　民部権大輔(冷泉)定親卿在判

已上、源氏女初度申状・具状也、彼氏女相語四辻宮(善統)雑掌、偽而』及訴陳之間、当寺所司等、就挙支状、案文紛失、捧此奸陳訖、

（一二）　光厳上皇院宣案

*「第二度」

(山城国葛野郡)上桂庄事、源氏女重請文副具書、如此、子細見状候歟之』由、所被仰下也、仍

執達如件、

建武四
九月廿六日　権中納言経顕（勧修寺）

東寺供僧御中

○正文は「ヒ函」三八号文書(二)。

(一三)　源氏女重申状案

源氏女重申、

　欲早被弃捐東寺所司等重謀訴状、預　勅裁山城国』上桂庄（葛野郡）事、

右当庄者、源氏女相伝之条、先度言上事旧早、爰』如東寺所司等重。謀訴状者、当庄者、　修明門院（藤原重子）御領内也、』去弘安年中、四辻宮（善統）以御惣領、被譲進　後宇多院之』間、御管領無依違、仍正和二年以御相伝之地等、載』　震（宸）筆御起請符、未限来際（限未来際）御寄附当寺云々、

此条不足言之申状也、其故者、故四辻宮与　後宇多院』御和睦之時、修

四辻宮善統親王管領十七ヶ所の内

明門院御領三十八箇所内、於二十一箇』所者、自故四辻宮被避進後宇多院早、至十七箇所者、『本所故四辻宮被止畢、仍十七箇所後代更不可有相違』之由、　修明門院御処分・安貞二年八月五日御領等御』目録・後宇多院被載　震(宸)筆御奥書畢、仍十七箇』所御管領不可有相違之由、為花山院内大臣家師継公』奉書、被成　院宣畢、次同所司等状云、正和二年以御』相伝之地寄附当寺云々、此条不知案内申状也、非』　後宇多院御相伝之地之条、　震(宸)筆御奥書・弘安三年』院宣分明也、此上桂庄者、故四辻宮御管領十七箇所』内也、仍正応三年十月廿五日故四辻宮御譲与藤原』氏女之時、彼御目録案被副渡之刻、以御筆、依有由』緒、限永「代」(○書き直)譲渡藤原氏女畢、正和(応)三年十月廿五日由被』加裏書於正目録、被加裏書於被副下目録案文畢、』将又　後宇多院御持世之時、乾元二年四月廿三日、中御』門大納言家経継卿、于時参議、為御奉行、上桂庄如元藤原氏女可』知行之由、被下　院宣、同月同日被副下殿下(二条兼基)御教書』畢、相伝之次

第為顕然者哉、且　後宇多院為御相伝』之地者、争可被下乾元　院宣
哉、全非　後宇多院御』管領廿一箇所内上者、不可依　震(宸)筆御起請符・
庁』御下文条勿論也、何以他人相伝之所帯、可号御寄附』哉、奸謀申状
也、次当御代被下　院宣云々、此条一方掠』給安堵　院宣也、曾非御信用
之限、次源氏女所給建武』元年三月廿四日　綸旨事、謀書顕然云々、比興
申状「也」(○之に重ね書)、就相伝』申、賜　勅載(裁)者通例也、謀書所見何事哉、然者所司
等』謀略之罪科、争可遁申者哉、次同所司等状云、源氏女』知行之段、并
悪党引率云々、此条旁以奸曲申状也、以』相伝之証文令知行之条、非無子
細者歟、又悪党引率』事、無跡形不実也、所見何事哉、不可説謀言、更
非』御沙汰之限者哉、
右、以前条々如斯、所詮、於当庄者、四辻宮御管領十七箇』所為専一之
条、言上先畢、此上者、以他人之財、号御寄附』之地、掠申子細之条、無
理顕然上者、早任正応御譲状・永』仁庁御下文・乾元二年　院宣・同日

殿下御教書・嘉元』三年藤原氏女比丘尼教明、建武元年　勅載(裁)、及弘安三年』
院宣・　後宇多院　震(宸)筆御奥書・四辻故宮御筆裏書』等、早於氏女者
預　勅載(裁)、至所司等謀訴者、為被弃捐、』仍重言上如件、

建武四年九月　日

(一四)　花山院師継奉書案

具書内、』安貞御領目六(録)、初度備之間、依同事略之、

*「後宇多院々宣」
七条院(藤原殖子)御領内二十七一箇所、相副本目録、并修明門(藤原重子)』院御譲状、進入候
早、兼又其残十七ヶ所、彼申置宮事、(善統)』被聞食候早、不可有相違候也、加
奥書被返献新』目録之旨、内々所被仰下候也、恐惶謹言、

弘安三年七月廿九日　　花山院内大臣師―公（継）
在判

（一五）光厳上皇院宣案

*「院宣案」

上桂庄（山城国葛野郡）事、源氏女重申状副具書、如此、背被』定置之法、不被申左右之間、所
被止所務也、可被存』知之由、被仰下候也、仍執達如件、

十一月十二日（建武四年）　　　権中納言経顕（勧修寺）

東寺供僧御中

○正文は「ヒ函」三八号文書（四）。

（一六）源氏女雑掌重申状案

源氏女雑掌重申、
　山城国上桂庄（葛野郡）事、

副進
　一通　院宣案

右当庄者、氏女相伝之次第言上事旧早、而去九月』捧重訴状間、同廿六
日被成　院宣於東寺畢、雖然于今』無音之上者、以違背之篇、為預　勅
載(裁)、重言上如件、

建武四年十月　日

已上三箇度申状・具書、勧修寺大納言経顕、于時権中納言、』封裏、相副　院宣、
被下寺家畢、彼裏封申状・具』書等御影堂納之、将来若有参差子細
者、令比校』彼具書、可決真偽者也、

（二九・六×四一・八）

三四　摂津国大嘗会米文書案

(端裏書)
「(大)□嘗会御教書　并守護催促之状等案文」

（一）　室町幕府御教書案

厨雑事以下の課役を廃し、直銭を以て宛つ

湊川宿

大嘗会米事、　院宣副具書、如此、於済例者、雖為』段別参升、以撫民之儀、停止厨雑事以下課役、所省宛直』銭参拾文也、任先例令支配国中（摂津）、来月十五日以前検』納之、相副配符早、進未注之可進済、且守事書、』厳蜜（密）可致沙汰、若有非法之聞者、可処罪科、』凡天下大礼也、日数不幾、更不可有緩怠之状、依』仰執達如件、

建武五年（暦応元年）八月廿九日　　武蔵守（高師直）在判

摂津国守護（赤松範資）

（二）　摂津国守護代沙弥円道遵行状案

大嘗会米事、　院宣・御教書如此、早任被仰下之旨、』三代御起請之地并三社御領等外者、平均随田数、来』廿三日以前、被運送段別参拾文宛代銭於湊河（川）宿（摂津国八部郡）』者、任配符田之（ママ）等可請取之、若令日限違期者、任御』事

書之旨、厳蜜（密）可致其沙汰候、恐々謹言、

暦応元年十月十六日　沙弥円道在判

謹上　摂津国諸庄園領主御中

三五　宝寿丸代頼憲申状

（三一・五×五一・三）

陳答能わず申状を返進す

（端裏銘）「宝寿丸申状」

目安、

宝寿丸代頼憲申、東寺学衆等押領鳥羽田参段』半并梅小路町敷地事、

件田地等者、宝寿丸重代相伝之条、度々言上事旧』畢、而就訴申、被成

別当宣於年行事侍従律師良朝之』処、書遣学衆於供僧之由令申、返

進本解状之間、雖為同』事、依書直之、重被成　別当宣之処、又可被懸

申長者之』由申之、令返進訴状之間、則被進度々別当宣於長者之処、（三宝院賢俊）

如』良朝今度之請文者、宝寿丸稲荷二階社神主子息候、為寺』家被管（官）

身、書学衆等候之条、狼藉之至、太可然候、此上者』難申陳答候、仍申状等返進之候云々、此条存外之次第也、前』々二階社与東寺致相論之条常事也、何況於宝寿丸哉、』且宝寿丸者大学(覚)寺宮(性円)并将軍(足利尊氏)家参候之垂髪也、何為法師』身対垂髪、狼藉之由申之条、悪口之専一也、所詮彼田地等押領之』条、無謂之間、不進陳状、既及三ケ度、構出今案、返進度々　別当宣』訴状等之条、且奉忽緒御沙汰者也、然者無理顕然之上者、任』文書道理、可蒙庁裁者哉、仍目安言上如件、

暦応四年十二月

○裏に坂上明成の花押22がある。

（三一・七×四五・一）

三六　学衆方雑掌陳状案

(端裏書)
「東寺陳状　清章訴事」

目安、

稲荷二階五社神主の謀訴を止め身を罪科されんことを乞う

正慶改元

東寺学衆方雑掌申、

早被究決稲荷二階五社神主清章父子同心表裏』謀訴、且被処其身於罪科後、欲言上巨細所存、』八条院(暲子内親王)御遺領院町(山城国紀伊郡)并拝師庄内田地等事、

右、院町以下事、去暦応四年八月、清章立子息』宝寿丸於面、就致偽訴、当方清章等申状・具書』参差謀作等子細、捧陳状之処、乍為訴人、先太(大)理(柳原資明)之』時、送数月無音、奸謀可足上察、而今当太(大)理(油小路隆蔭)御時、』替篇構◦申無窮之虚誕之条、比興至極也、所謂清章』条々謀計内、如先度所進宝寿丸所得譲状者、元弘三』年正月廿五日云々、◦忽破正慶改元「哉(◦歟に重ね書)」、清章依致作』沙汰、有如此参差之旨、支申之処、自科難遁之間、』申定子息宝寿丸於謀書人之条、奸謀之至、賢察在』□者乎、如彼申状者、清章在国之刻、子息宝寿丸致』非拠謀訴云々、取詮、彼訴陳之間、在国之条、無跡形不実也、』弥召誡其身并所従等、致糺明、不可有其隠、清章乍』令譲与子息宝寿丸、為申乱子細、於致偽訴者、争可』遁表裏奸訴之咎乎、所詮、清章奸言

歟、◦将宝寿丸』謀作歟、先被糺明此一段後、就本訴可申巨細所存、』仍粗
目安言上如件、

康永二年六月　日

（紙背）　岳西院定超書状

（前欠）

領家分の本雑掌にて候、此御所ハ』本家にて御座候、雑掌を兼』対（帯）候ハ
んと所望申「候」（◦し候に重ね書）とて、自常』葉（盤）井殿（恒明親王）被執申候之間、被仰付て』候へハ、
如形事共にて候之間、自当年』可被召放之由被仰候、且此度御大事』公
用一万疋ハかり可沙汰進之由、被仰』候之間、第一難治事候歟之間、辞
申』とかや承存候、地下ハ無子細候へハ、畏〳〵』先やかて四五千疋も
沙汰進候て、又』地下之様をも問候て、今四五千疋をハ』出候へかし、
不立今御用候之、口入申』入候事も無其詮候歟、大慈院（親海）も随分』秘計申

候、其も国へ遣人候て可召進之由』被申けに候、若今明先少々も可有
其』沙汰候、明日も急速に承候て可申入候、』今明之間大慈院ハ遣人と
かや承候、遅々』候てハ不可有正躰候、時ニ早々可承左右候、』恐々謹
言、

正月十日　「定超（岳西院）」（自署23）

三七　大夫房隆祐若狭国太良庄公文職請文　（三三・〇×五二・五）

請申　東寺御領若狭国（遠敷郡）太良庄公文職条々、

寺恩として拝任

給田

一当職者、親父願成為寺恩拝領、今又隆祐為寺恩』所拝任也、御年貢以
下毎事存公平致沙汰、不可有不忠奸曲之』儀、有限給田之外、雖為段
歩不可令犯用事、

警固と沙汰

一地下煩出来之時、云警固、云沙汰、両御代官相共可致』秘計事、

寺家の成敗を仰ぐ

一於当庄内、有可歎申子細之時、毎事申入寺家、可仰』御成敗、若属権

地下興行

百姓・代官の不忠不法に同心すべからず

門勢家、若属他寺他門、雖為聊事、不可』致遠乱妨导(碍)事、
一地下興行、意之所及可致其沙汰、云下地、云文書、随捜出、無』隠蜜(密)之儀、可申入御寺事、
一百姓并両代官等有不忠不法事之時、更不可令同心、又』若為庄家可及蠹害者、不日可馳申入寺家事、
右条々、如斯、雖為一事、令遠越此請文之旨者、可被行其』咎、仍請文之状如件、

康永二年十二月廿日　　公文隆祐(大夫房)(花押24)

三八　凡僧別当岳西院定超下知状

(三二・二×五一・八)

(端裏押紙)「凡僧別当下知状　定超」

(岳西院定超)(花押25)

二問二答の訴陳

在々所々合戦

状の裏を封ず

謀書と断じ年貢抑留物の糺返を命ず

法眼豪運与光蓮・同聟重吉相論、針小路朱雀』巷所半事、
右、以二問二答訴陳被召決之処、豪運者、件巷所、自母』尼如実手、相副次第証文譲得之処、彼光蓮為多』年百姓、立聟重吉於面、不弁有限年貢之条、無謂之』旨訴之、重吉者、彼巷所半者、自豪運母如実手、去建武三』年買得之地也、若不沽却者、七箇年之間、何不催促年貢』哉之由論之、豪運重申云、豪運自元弘年中、至建』武三年、下賜将軍家(足利尊氏)并三条殿(足利直義)御教書、在々所々合戦』間、以代官浄円(円良)雖令催促年貢、寄縡於左右難渋之間』訴申者也、而以自身之奸曲、□(還)而令潤色之条、頗猛惑之次第也、』何況如如実沽却状者、依相交余事、不相副手継云々、而彼手』継検知之処、全不相交他事、将又封状之裏云々、件状又不』備進之条、尤不審之間、被召類書之処、於豪運者数通』持参之、至重吉者不出対之上者、謀書之条、無異論』歟、仍於年々抑留物者、不日令糺返之、至下地者被付豪運』由、依凡僧別当(岳西院定超)仰、下知如件、

康永三年十二月十五日　目代（花押26）

三九　山城国上久世庄百姓連署請文

（続紙二紙）（三二・五×八六・四）

（端裏書）
「久世百姓請文」

謹請申、
東寺八幡宮御領久世庄（山城国乙訓郡）条々、

一於御年貢者、十一月以前、無一粒之未進、可致究済之沙汰、至』御公事用途并長日人夫役者、任被定置之旨、不遠越日限』可致其弁、但於八月分御公事用途者、御放生会以前、必可致』其沙汰、此外恒例臨時御公事、偏任御下知之旨、不可申子細矣、

一或得人語、或依存私、寄事於左右、不可及訴訟、若於有庄家歎者、』穏致訴訟、可奉仰御寺御成敗、妄称庄家之一揆、就是非不可致』嗷々群訴、若背此旨及嗷訴者、可被収公名田、処其身於罪科矣、

年貢十一月以前究済の沙汰す
八月分公事放生会以前に沙汰す
嗷々の群訴すべからず

庄家警固の奉公

一就公私、致庄家违乱煩之輩雖有之、且為地下牢籠之基上者、『不惜身命馳向、涯分之所及、可致警固奉公之忠勤矣、
右条々、堅守此旨、敢不可违越、若雖一事、於令违犯之者、可罷蒙』八幡・稲荷并当庄蔵王権現御罰於百姓等身之状如件、

貞和二年七月十九日

越前介（花押27）
兵衛四郎（花押28）
左近二郎（花押29）
安大夫（花押30）
浄円（花押31）
向仏（花押32）
経阿弥（花押33）
善阿弥（花押34）
朝念（花押35）

性願（花押36）
慶舜（花押37）

四〇　最勝光院所司等重申状并具書案

（続紙二紙）

○紙継目裏に油小路隆蔭の花押38がある。

（端裏書）
「院宣案村櫛庄事」

（一）　最勝光院所司等重申状

（三二・三×五〇・一）

最勝光院所司等重言上、
欲早被経御　奏聞、重被成　院宣於当庄、『徳大寺家被召出雑掌、不
（公清）
日可究済由被仰下、』寺領遠江国村櫛庄本家役寺用米未済無謂事、
（敷智郡）
副進
二通　院宣案一通当進、貞和五年四月六日
右当庄者、為最勝光院領重色異于他之地也、而領家』徳大寺家、被対捍

領家徳大寺の本家役対捍を訴う

年々本家役之間、就訴申、度々』雖被成　院宣、于今無沙汰之条、無謂次第也、所詮、云年』年未進、云当年分弐拾石、遂結解、不日可究済之由、重』為被成下　院宣、重言上如件、

貞和五年十二月　日

(二)　光厳上皇院宣案　　(三〇・一×四一・三)

㝡勝光院領遠江国村櫛(敷智郡)庄寺用事、』深源(宝厳院)僧都(状脱)副重申状・具書、如此、』忩可致其』沙汰之由、厳密可令下知給之由、』被仰下候也、誠恐謹言、

(貞和五年)四月六日　権大納言隆蔭(油小路)

進上　徳大寺(公清)殿

四一　執行忠救水田名主職寄進状　(三三・八×四九・七)

奉寄進、

諸堂仏聖灯油料

大袋罪科によって没収

御影堂領

東寺西院御影堂水田名主職事、
合参段半（五坪壱段半、南田弐段、）者、（委細注文別紙載之、）
右件水田者、本家為寺領、収納之時、下行』諸堂仏聖灯油等、於名主職者、清九郎』男（薩磨(摩)三郎入道子息、）令買得相伝、下作職相共兼之、』而件清九郎依致大袋、被行罪科之刻、被没収』畢、仍於半分者、凡僧別当（岳西院定超）管領之間、直寄進畢、』残半分、又為現当之所願成就、奉寄進之状如件、
観応元年十月廿一日　権少僧都忠救（二位）（花押39）

四二　御室宮法守法親王令旨　（三二・九×五〇・四）

山城国紀郡内（伊脱）水田』一段事、延慶　院宣』・禅隆（大教院）法印奉書・本主永仁（大夫厳誉）』寄進状・教脊（真乗院）法印避状』入見参候了、永代為御影堂』領不可有相違者、依御室（法守法親王）』御気色、執達如件、
観応弐年七月四日　権大僧都（宝持院弘雅）（花押40）

院宣正文寺庫に納む

謹上　東寺供僧御中

四三　東寺長者報恩院隆舜御教書

(二紙)(三二・七×一〇三・四)

備中国新見庄(哲多郡)、』被返付寺家之由事、』院宣如此、可令存知』給者、依
長者僧正(報恩院隆舜)御房』御消息、執達如件、
「観応二辛卯」(押紙)
七月六日　法印「文海」(宝幢院)(自署41)
謹上　助法印(増長院清我)御房

追申
院宣正文被遣之、』可被納寺庫歟之由、』同所候也、

四四　東寺雑掌光信申状

(三三・〇×五〇・六)

船越良盛以下の濫妨を止め下地を雑掌に付されんことを乞う

（端裏書）
「拜師庄」
（端裏銘）
「東寺雑掌　観応三　九　十八」

東寺雑掌光信謹言上、

欲早被経急速御沙汰被成下御教書、仰御使、停止船越』参河房良盛・源次入道以下輩非分濫妨、且任度々　『勅裁并関東御施行状・建武安堵　院宣等旨、且依当知行』道理、被打渡下地於雑掌、山城国拜（紀伊郡）師庄事、

副進

一通　後宇多院震（宸）筆御起請符案正和二年十二月　日

一通　庁御下文案文保元年十月　日

一通　関東御施行状案嘉暦三年十月廿日

一通　安堵　院宣案建武三年十二月八日

右当庄者、　後宇多院為　勅施入之地、正和年中以来寺家当知行』条、

日吉田輿行にことよせて濫妨

震(宸)筆御起請符并庁御下文・関東御施行状・建武三年安堵』院宣以下数通証文炳焉也、爰良盛并源次入道以下輩募武威、』寄事於日吉田輿行、猥令濫妨所務之条、非招罪科哉、所詮、被成下』御教書、仰御使、被退彼等非分濫妨、全所務、至交名人等者、為向後』傍輩、欲被処重科矣、仍言上如件、

観応三年九月　日

○裏に性遵安威資脩の花押42がある。

四五　金蓮院真聖敷地券契紛失状　（続紙三紙）（三一・七×一五九・五）

立申　敷地券契紛失状事、

右、七条坊門町東北頬、口肆丈陸寸、奥柒丈陸尺、同坊門町北東頬、』口肆丈壱尺、奥拾肆丈四尺、彼両所敷地者、為真聖相伝之地、数十年管領、』敢無子細、仍所帯文書等炳焉也、而真聖居東寺供僧』職、送多年之間、且為奉謝大師(空海)之報恩、且為成

上分地子御影供百種料として寄進

悪党人坊中に乱入し資財雑具を奪う

二世之』悉地、為毎年三月廿一日御影供百種粁足、以彼地子』上分、永令寄附御影堂畢、爰去年文和弐、六月九日、』宮方大勢乱入洛中之時、処々悪党人等、打入東寺』坊中、捜取資財雑具之刻、件敷地等券契以下、於』金蓮院坊針小路櫛笥、同令紛失畢、其段、云近隣、云寺中、更』無其隠者也、凡於当知行者雖無相違、向後、若称有彼券』契等、於彼敷地、有致違乱之輩者、被処盗犯之重科、』可被申行所当罪科、然者為後証、申請寺中并近』所存知人々証判之上者、賜諸官連署、為備末代之』亀鏡、所立申紛失状如件、

文和参年甲午七月　日

法印真聖（金蓮院）（花押43）

権少僧都亮忠（宝菩提院）（花押44）

権大僧都深源（宝厳院）（花押45）

権少僧都行賀（実相寺）（花押46）

権少僧都忠救（二位）（花押47）

件券契紛失事、以右国守吉光、同国守吉長等、』相尋連判輩之処、紛失
之条、無子細之間、並愚署而已、

（附箋）「勢多大夫判官章兼」
左衛門少尉中原朝臣（花押48）

彼地券紛失事、傍輩証判分明、仍並』愚署而已、

（附箋）「正親町大夫判官章有」
左衛門大尉中原朝臣（花押49）

（附箋）「正親町新判官」
左衛門少志中原（花押50）

件地券紛失事、面々証判炳焉之間、』加愚署而已、

（附箋）「大判事姉少（小）路大夫判官明成」
大判事兼明法博士左衛門大尉伯耆権介坂上大宿禰（花押51）

（附箋）「姉少(小)路新判官明景」

防鴨河判官左衛門少尉坂上大宿禰（花押52）

彼地券紛失事、傍輩証判分明、仍並』署判而已、

（附箋）「四条坊門大夫判官章世」

明法博士兼右衛門大尉安芸介中原朝臣（花押53）

○第一・二紙継目裏に中原章兼の花押48、第二・三紙継目裏に中原章有の花押49がある。

（三二・〇×五〇・五）

四六　宝厳院深源申状

（端裏書）「深源法印伝法会学頭事　延文三　四」

法印権大僧都深源（宝厳院）申、

東寺春秋二季伝法会学頭職闕、欲預連署挙達間事、

右職者、文保年中、以先師法印頼宝（宝厳院）、始而自被任学頭職以来、』宝光（了賢）・大（親海）慈両僧正于時法印、并花厳院（弘縁）法印相続補任畢、彼法印』死闕、深源為次座、而

会学頭補任を望む東寺最初の学衆

不交余人之上者、速任行雁之次第、欲達』拾蛍之極望、深源雖不肖、後宇多院御代、被補東寺㝡初之学衆、剰又被召加大覚寺』仙洞之学衆、奉咫尺　御前、交鸞鳳之列、致雌雄之諍、於密宗』学葉者、歴可歴之道、勤可勤之役、就中当寺㝡初学衆之』内、至于今、陪会場、談法門者、深源只一身也、争不被賞』本願御代採択之余芳乎、何況相伝㝡初学頭之遺跡、』文籍曝眼、縄錐受膚、頽齢及七旬、余算在一瞬、若』依有超越歎、令退出談席者、傍人成弃老士之毀、下愚』貽隔聞法之恨、所詮且賞本願旧院之清撰、且優㝡初』学頭之遺跡、早賜連署之吹挙、欲沐無偏之　天恩矣、

延文三年四月　日

（続紙三紙）（二九・〇×一〇九・〇）

四七　山城国久世上下庄文書案

（端裏書）「東寺八幡宮久世上下庄支証四通案」

（一）　足利尊氏山城国久世上下庄地頭職寄進状案

寄附、
東寺八幡宮、
山城国久世(乙訓郡)庄上下地頭職事、
右、為天下泰平国家安寧、所寄』進也者、守先例、可被致沙汰之状』如件、
建武三年七月一日
源朝臣(足利尊氏)御在判

（二）　足利尊氏御内書案

当寺鎮守八幡宮不断大般若経』転読以下事、就満寺之群訴、雖有』其沙汰、所詮、依朔望勤行之労績、所』令撰補卅口浄侶本供僧廿一口、其余学頭、学衆八口、非供僧中常住一臈、

久世上下庄土貢を供料とす

也、『早以山城国久世上下庄（乙訓郡）土貢除恒例社用、』為彼供料、宜専永代相続之行学、』致普天安全之懇祈之旨、可有』御下知候、恐々謹言、

暦応二年十月廿七日　権大納言（足利尊氏）御在判

謹上　三宝院賢俊僧正房
　　　東寺長者僧正御房（真光院成助）

○正文は「せ函　足利将軍家下文」一号文書。

政所料所を止む

（三）　足利義詮御判御教書案

当寺八幡宮領山城国久世上下（乙訓郡）』庄地頭職事、建武寄進以来、『社家知行于今無依違之処、称有』上久世庄内、雖（得歟）宗跡、為政所料所付』給人云々、当庄内不可有各別闕所之』間、被止料所之義（儀）訖、此上寺家知行』如元、不可有相違之由、可有御下知之』状如件、

貞治二年八月十二日　権大納言（足利義詮）御在判

甲乙人の濫妨を退く

三宝院賢俊僧正房
東寺長者僧正御房
(三宝院光済)

○正文は「せ函　足利将軍家下文」二二号文書。

(四)　足利義詮御判御教書案

東寺雑掌光信申、山城国久世(乙訓郡)・上桂(葛野郡)・林(拝師)(紀伊郡)三ヶ庄事、訴状遣之、早』大野左近蔵人入道(向阿)相共、莅彼所、退』甲乙人等濫妨、可執進請取状、使節』緩怠者、可有其咎之状如件、

観応二年十月廿五日　御在判(足利義詮)

相賀弥三郎(忠基)殿

○正文は「せ函　足利将軍家下文」六号文書。

四八　寺辺水田文書案

(続紙二紙)(二七・五×六一・七)

執行栄済沽却

(端裏書)「綸旨并寺務御教書案　栄済律師沽却水田事」

（一）　後光厳天皇綸旨案

東寺水田内五段、(兵部卿)栄済執行之時沽却云々、』早如元可管領之由、可令下
知(按察)定伊律師』給之旨、
天気所候也、仍上啓如件、
(貞治二年)九月廿八日　右中弁(万里小路)嗣房
謹上　(光済)三宝院僧正御房

（二）　東寺長者三宝院光済御教書案

栄済沽却水田事、
綸旨如此、可令存知給之由　(三宝院光済)長者』僧正御房所候也、仍執達如件、
貞治二年九月廿九日　(理性院宗助)権大僧都判

東寺(按察定伊)執行律師御房

○以下一紙白紙

四九　執行厳瑜書状

（二紙）（三一・九×一〇一・三）

(端裏書)「執行厳瑜状大悲心院事」

(礼紙切封)「(墨引)」

大悲心院敷地事、任先例』可致管領之由、忠救(二位)僧都去』建武預　勅裁候之間、相続』知行理運之由、為存候、其子細、』先立雖申入寺務(三宝院光済)候、』為興隆之要脚、衆中被』望申之由、承候之上者、是非』相論非本意候、仍閣所存、止所』望候、以此旨、可有御披露衆中候、』恐々謹言、

(異筆)「貞治三」
十二月九日　「厳(帥)瑜」(自署54)

(朝源)三位律師御房

所存を閣き所望止む

五〇　東寺長者三宝院光済御教書　（三一・〇×五〇・五）

大悲心院敷地事、為』西院修造料所被』寄進也、早可被致管領之』旨、可令披露衆中給之由、』可申旨候也、恐々謹言、
（異筆）「貞治三」
十二月十七日　（理性院）「宗助」（自署55）
年預法印御房

（端裏書）「貞治三」

○封紙は「無号之部」三六号文書。

西院修造料所として寄進

五一　宝荘厳院文書案　（続紙二紙）（三〇・三×七八・四）

（端裏書）「宝荘厳院文書案」

（一）　後醍醐天皇綸旨案

宝荘厳院為寺家興隆、所被』付当寺也、可令存知給者、

天気如此、仍言上如件、

元徳二年正月廿八日　中宮亮（万里小路季房）判

進上　東寺長者僧正御房（東南院聖尋）

（一一）　後光厳上皇院宣案

宝荘厳院執務并敷地・『近江国三村庄（蒲生郡）内嶋郷已下寺領』所被返付当寺也、可存知之由、可『有御下知之旨、新院御気色所候也、仍執達』如件、

応安七年正月十日　権中納言忠光（柳原）判

謹上　長者僧正御房（三宝院光済）

（一二）　足利義満御内書案

宝荘厳院執務・同敷地・寺領』等事、就執　奏、被返付当寺』之由承候了、恐々謹言、

応安七

五月二日　（足利）満 義―

（妙法院定憲）東寺長者僧正御房

五二　東寺長者三宝院光済御教書　（一紙）（三〇・六×九八・〇）

武家新加の放生会のため根本放生会深更に及ぶ

（端裏書）「寺務三宝院大僧正光済御教書根本放生会、任先例、十五日夜可執行事 永和二　八　九」

（礼紙切封）「（墨引）」

東寺八幡宮放生会事、』（三位）惠深阿闍梨状加一見候了、』武家新加法会、当日重畳之』間、及深更云々、新加法会者、』近代恒例事候哉、又当年』始而「猶」（○又に重ね書）新加事候哉、不審候、』別而当年非新加之儀、』如近年候、可被引上之段、』可為何様候哉、任近代之例、可』有其沙汰候哉、無別篇目』可被

引上之段、不可然候歟之由、』可被伝仰候哉、恐々謹言、
（異筆）「永和二丙辰」八月九日　「賢清」（自署56）

五三　山城国上久世庄百姓千松丸請文

（続紙二紙）（三一・五×九九・三）

（端裏書）「千松丸請文康暦元　四　十六」

謹請申、

東寺八幡宮御領山城国上久世庄（乙訓郡）内名田畠等事、

一当名田畠等者、為供僧中御恩、去貞治六年二月廿七日被下』御宛文訖、而彼名田内一町一段半、公文貞俊（舞田）応安元年以来』押領之間、就歎申、被経御沙汰、重預御下知之上者、雖為一事』不可奉背寺命、弥致無二奉公、不可存不忠事、

一於御年貢者、十一月以前可窮（究）済、不可有未進、至御公事用途』并長日人夫役等者、任被定置之旨、不遠越日限、可致其沙汰、』就中於八月

当名田畠貞治六年供僧中の御恩として宛行わる

公文舞田貞俊応安元年以来押領

年貢十一月以前に究済

八月分公事放生会以前に進上

嗷々の群訴に同心せず

寺家被官

分公事用途者、御放生会以前、急速可令進上之、』此外恒例臨時御公
事等、偏任御下知之旨、不可申子細事、
一或得人語、或存私曲、寄事於左右、不可及訴訟、若有可歎申之旨』者、
穏申入子細、可奉仰寺家御成敗、更付権門勢家、申成於縁』状、不可
及嗷訴、将又設百姓等称庄家之一揆、雖致嗷々之群訴、』曾不可有同
心許容之儀事、
一為庄家、就公私違乱出来時者、且廻内外之籌策、且致涯分之』警固、
而地下無牢籠之様、可致計略、加之、於名主百姓等、可成』水魚之思、
縦雖有私之遺恨等、訴申于寺家、可申行罪科、』不可有私阿党事、
一不伺寺命、或容肩於武家、募諸亭奉公号、或属権門、不可』致養父養
子契約、偏為寺家被官、可抽忠勤事、
右条々、堅守此旨、敢不可違越、若雖為一事、於背此趣者、不日』可被召
放彼名田畠等、且可蒙　八幡・稲荷并当庄鎮守』蔵王権現御罰、仍請文

状如件、

康暦元年四月十六日　　千松丸（花押57）

○紙継目裏に宝厳院宏寿の花押58がある。

五四　鷲尾山金山院住持叡鎮申状案

（三一・二×四九・一）

（端裏書）
「□山院長老状」

鷲尾金山院住持叡鎮謹申、

早欲被申東寺僧衆、任代々相伝旨、全知行』法性寺柳原敷地事、

右、当所者、高橋是法相伝已来、当知行無子細之条、先渡（度）』捧案文早、今又二通副進候、然而依為御領之近所、則』当羊僧知行時分、守無縁狐独折節、無是非須押領之間、』麦例莫測、無念無極者也、依之、四十余日成坐禅、工夫之』障导（碍）、不成五想（相）成身之瑜伽、且不便之至也、可為御賢察、』凡鷲尾者、叡山東塔之末流、顕密修練之古寺也、仍』預　二門跡青蓮院・妙法院、

是非を指置き優免に預り知行相違あるべからざる旨の一同御判を求む

御扶持之上者、敢以雖不可動、然而（改脱）遁世』籠居之身、黒衣弊寂之僧也、
何翫如此等世事哉、加之、』貴寺者天下無双之大伽藍、当寺者有名無実
之小』律寺也、何能対論哉、所詮、縦始依　公方之御下知、』雖可被知
行、此所寂小田也、何当一灯之粁却（脚）哉、早』被指置是非、預御優免、永代
知行不可有子細之、（旨脱カ）被』加一同之御判者、住安堵之思。者歟、宛如於百坐仁王
講之砌、』適□足之難矣、一天泰平之御祈禱何事如之哉、』仍粗言上、
　永徳元年十一月十二日　　叡鎮
　年預御房中

大嘗会米諸国平均免除

五五　丹波国大山庄役夫工米文書案　（続紙二紙）（三〇・二×九六・〇）

（端裏書）
「大山庄役夫工米免除院宣・御教書案」

（一）　室町幕府奉行人奉書案

東寺雑掌申、丹波国大山庄（多紀郡）大嘗』会米事、諸国寺領平均被免』除上者、

当国催促暫可被閣之』由、被仰出候也、恐々謹言、
永和二
十月（十二）廿二日　　左衛門尉（安威詮有）在判
謹上　両使御中

○正文は「ウ函」五三号文書。

役夫工米

（二）　室町幕府御教書案

三　東寺領丹波国大山庄（多紀郡）役夫工米事、』可被止其責之状、依仰執達如件、
康暦二年三月十八日　　左衛門佐（斯波義将）判
山名陸奥守（氏清）殿

大使

（三）　室町幕府御教書案

四　丹波国大山庄（多紀郡）役夫工米事、為東寺』領上者、可止催促之由、先度被仰候了、』然者、早以此趣、可被相触大使之』状、依仰執達如件、

永徳二年十一月十三日　左衛門佐（斯波義将）判
山名陸奥前司（氏清）殿

○正文は「セ函」二二六号文書。

（四）　後宇多上皇院宣案

教王護国寺領丹「波」（○後に重ね書）（多紀郡）国大山庄大嘗会役夫工米已下恒例臨時国役、永所被免除也、可令存其旨給者、依
院宣、執達如件、

文保二年十一月二日　判（正文「奉」なし）奉　万里小路一品宣房

謹上　長者僧正（宝持院顕誉）御房

○正文は「せ函　南朝文書」六号文書。

五六　室町幕府御教書

（二九・八×四八・三）

東寺雑掌申、丹波国大山（多紀郡）』庄領家職内田地伍町事、重申状・』具書如此、両度被仰之処、不事行云々、』甚不可然、不日止地頭中沢五郎左衛門（宜秀）』入道以下輩押領、可被沙汰付雑掌、更』不可有緩怠儀之状、依仰執達如件、

永徳三年七月廿五日　左衛門佐（斯波義将）（花押59）

山名陸奥守（氏清）殿

五七　室町幕府管領斯波義将施行状案　（竪切紙）（三〇・一×二六・〇）

同■施行案

当寺八幡宮領山城国下久世（乙訓郡）内小坂』以下八名事、就義宝（増長院）大僧都寄附、』被成下安堵訖、早可被致其沙汰之状、』依仰執達如件、

至徳元年十一月十九日　左衛門佐（斯波義将）在判

東寺八幡宮供僧中

守護家人濫
妨

五八　室町幕府御教書案

(二九・四×四六・五)

(端裏書)
「嶋郷御教書案文至徳二　十　廿九」

東寺雑掌申、宝荘厳院(領脱)近江』国(蒲生郡)三村庄嶋郷寺用米事、申状・』具書如此、(六角満高)守護家人山本入道』濫妨云々、早小串下総守一方市次郎相共止彼妨、可(被脱)』全雑掌所務之状、依仰執達如件、

至徳二年十月廿九日　(斯波義将)左衛門佐

市次郎殿

表書　市次郎殿　左衛門佐義将

今一通文章同也、
名字遠目計也、

○正文「せ函　武家御教書并達」五八号文書。これによって脱字を補った。

五九　山城国久世上下庄禁制案

(三〇・七×四八・四)

軍勢甲乙人の濫妨停止す

（端裏書）
「制札案久世庄之事至徳十二（ママ）十九」

（一）　山城国守護山名氏清禁制案

禁制　（山城国乙訓郡）上久世庄

右、於当所軍勢并甲乙人等、『不可有監（濫）妨狼籍之旨、依仰執達』如件、

至徳二年十二月日　（蓮池重継）美濃守在判

（二）　山城国守護山名氏清禁制案

禁制　（山城国乙訓郡）下久世庄

右、於当所軍勢并甲乙人等、不可有』監（濫）妨狼籍之旨、依仰執達如件、

至徳二年十二月日　（蓮池重継）美濃守在判

六〇　山城国守護山名氏清奉行人奉書

（三一・〇×四七・八）

八幡田

東寺八幡宮領山城国』下久世庄内八幡田事、雖』有其沙汰、当庄建武御寄進』以来、当知行于今無相違云々、』仍所被閣也、任先例、可』有其沙汰之由候也、仍執達如件、
(乙訓郡)

嘉慶元年十一月十日　景経(花押60)
(附箋)「蓮池八郎左衛門」

(三〇・七×四九・八)

六一　中御門宣俊奉書案

御影供執事闕怠により門徒の号を止む

(端裏書)「室町殿御教書案就御影供、宣有僧正被放門徒事康応二三十」

当寺御影供執事宣有僧正』巡役闕怠之条、不可然、任先例』止門徒之号、可被相催他人之由、』被仰下候也、仍上啓如件、
(池蓮光院)

(康応二年)三月十日　右少弁宣俊(中御門)

謹上　東寺長者僧正御房(地蔵院道快)

次巡廨人躰事、可為』金剛王院僧正之旨、同被』仰出之由、右少弁
(頼俊)

転倒せし実相寺二階の道具を堂内に安置す

令下知』寺家雑掌候了、

六二　理性院宗助書状

（二紙）（三一・三×九八・八）

（礼紙端裏書）
「実相寺二階事
明徳元　」

（礼紙切封上書）
「　（墨引）
宝厳院僧都御房　　宗助　」

二階具足悉安置堂内、』先以悦入候、堂、誠是も又』破損、指掌候、珍事候、』いかゝして少斨所可申』沙汰候、堂顛倒候ハんも』余ニ〳〵無念候、尚々昨日』種々御紛（粉）骨之由奉候、』悦入候、証（光信）芹院委細』被注進候、千万猶期』面候、恐々謹言、

（明徳元年）七月廿日　（理性院）「宗助」（自署61）

（宏寿）宝厳院僧都御房

円融寺領九条勅旨田一段生身供料所として寄進

年貢懈怠なく沙汰せば何ケ年たるとも代官職改替すべからず

六三　御室宮永助入道親王令旨　（二紙）（二九・五×九九・六）

円融寺領九条勅旨』田飛鳥里三十四坪』内水田壱段事、任』先度御寄附之旨、』為東寺御影堂』生身供料所、可令』知行之由、可令相触』寺家給之由、依

（永助入道親王）御室御気色、執達』如件、

応永五年十月廿七日　前大僧正（花押62）

（附箋）「仁和寺菩提院」（守融）

（隆禅）按察僧都御房

六四　大和国河原城庄所務職宛行状土代　（三〇・一×四九・五）

（端裏書）「大和国河原城庄宛文案文」

東寺領太（大）和国河原。城（山辺郡）庄』所務職事、不依地下之』損否、毎年寺納年貢』伍拾貫文、無懈怠預御沙汰』候者、雖為何ケ年、不可及改替之』儀。之由、可得御意候也者、依衆儀』執達如件、

修理職田守護被官人違乱

応永十一年五月廿一日　権少僧都堅済(宝泉院)(花押63)

謹上　応阿弥陀仏

(三〇・二×四七・八)

六五　室町幕府御教書案

「(端裏上書)高土左(佐)入道殿　沙弥道孝」

東寺雑掌申、山城国下久世庄(乙訓郡)』内修理職田等事、先度施行之処、』被管(官)人違乱未休云々、事実者』不可然、不日沙汰付雑掌(高井祐尊)、可専耕』作之由、所被仰下也、仍執達如件、

応永十三年六月廿六日　沙弥(道孝斯波義重)在判

高土左(佐)入道殿(祥全師英)

○「ユ函」五七号文書の同一案文は廿二日付になっている。

六六　廿一口供僧一﨟普光院頼暁書状案

(二九・五×四七・八)

止雨祈禱巻数を進む

百座尊勝供

鴨社造営段銭免除

止雨御祈事、今日結』願仕候、仍御巻数一枝進之候、』満寺殊抽精誠候之由、可令披露給候哉、』恐々謹言、

応永十三
九月六日　法印頼暁（普光院）

謹上　別当法眼（教信）御房

止雨御祈百座尊勝供、廿一口之内已灌頂輩懃（勤）仕候了、

六七　室町幕府奉行人奉書　（折紙）（二九・三×四七・八）

（端裏書）「斎藤加賀守　応永廿一　後七　十四」

東寺領山城国久（乙訓郡）』世上下庄・植松庄（葛野郡）・拝（紀伊郡）』師・上桂（葛野郡）以下散在』鴨社造営反銭事、』伺申　上意候之処、如』先々可被免除之由、被』仰出候、目出候、恐々謹言、

応永廿一
後七月十四日　基喜（斎藤）（花押64）

（金蓮院杲淳）
年預御房

○端裏書は折紙を開いて書く。

（四七・八×二九・一）

六八　伊勢貞経書状封紙

（端裏書）
「勢州　上進以下松茸返事応永廿二」
（折封上書）
「　　　　　　伊勢守
　　　　　　　　（伊勢）
　　　　　　　　「貞経」（自署65）」

六九　大和国河原城庄十八番頭連署請文

（二八・四×三九・一）

十八番頭庄年貢を請負わんとす

謹請申、
　東寺御領大和国河原庄事、（山辺郡）
右当庄者、為十八番頭、預申之上者、御年貢、』不云地下之損否并段銭以下之煩、毎年廿五貫文、』十一月十二日以前必可取進上仕、万一地下

地下興行あらば年貢を加増

興行』仕者、御年貢遂勘定、可加増仕、将又於地下、』違乱煩等不可引出者也、若雖一事、背請文之』旨、不法儀出来者、加判番頭十人、且不日付(布)』当国権門勢家預御治罰、且富留明神』并春日大明神等御罰各身可蒙者』也、仍謹請文状如件、

応永廿二年二月廿八日　番頭

助太郎(略押66)

刑部(略押67)

(後欠)

○紙継目裏に人名未詳の花押68(後欠)がある。

七〇　善遍大和国河原城庄所務職請文

(三〇・〇×四八・七)

年貢二十貫文八月中に進上

東寺御領大和国(山辺郡)河原城庄所務事、』被仰付之上者、不云地下之損否、毎年』八月中、弐拾貫文可運送仕、但地下』興行仕者、任本式、可致加増之

沙汰、若』背此趣者、不日可及改替之御沙汰、更』不可申異儀者也、仍請
文之状如件、

応永廿三年十月廿五日　　　　善遍（花押69）

七一　中西重行丹波国大山庄代官職請文　（三二・二×四五・八）

（端裏書）
「大山庄代官中西請文応永廿六 七 廿六」

請申、

東寺御領丹波国（多紀郡）大山庄御代官職条々事、

一御年貢御公事物等、守先例、可申致沙汰、有』限御代官得分五分壱之
外ハ、雖為一塵、不可』自専事、

一守護役人夫等、為御代官、廻内外秘計、可申致』御領安全之忠節事、

一地下之代官、万一於御年貢等執納之分、未進懈怠候』時者、為本人可
申弁沙汰、無懈怠之儀者、不可有』御改替之者也、

代官得分五分一

御領安全の忠節

懈怠の儀なくば代官職を改替すべからず

右条々、堅守法、敢不可違越、雖為一事、背寺命、』年貢等有無沙汰者、可被召放不日御代官職、不可』申其時一言子細候、仍為後日請文状如件、

応永廿六年七月廿六日　　重行(中西)(花押70)

(二九・九×四八・三)

妙法院庁の最勝光院・柳原在家に対する検断・人夫催促の停止を乞う

七二　東寺雑掌申状

(端裏銘)「東寺雑掌申状応永卅三　八」

東寺雑掌謹言上、

欲早被停止妙法院庁雑掌号松井無理』綺、当寺講堂領河東㝡勝光院敷地・同』柳原在家検断并人夫催促間事、

右当敷地等者、為天下泰平之御祈禱并』数箇条御願料所而、御寄附当寺講堂訖、』自尓以来更無他妨、為一円不輸之地而致知行、専』長日勤行者也、爰彼雑掌松井無故、以領主各別之』地、或号検断、或称夫役、責入在家、及自由催促之』条、藍(濫)吹之至、前代未聞、言語道断次第也、依之

非』分問答出来之間、臨期錯乱、有余歎者哉、既帯』厳重支証、為御願析所上者、向後固被停止彼』等違乱、可全析所之知行之由、急被成下安堵』御判、弥欲奉祈天下泰平・御願成就、仍言上如件、

応永卅三年六月　日

久世上下庄公文職を東寺に安堵

七三　山城国久世上下庄公文職文書案　（続紙四紙）（二八・八×一四一・六）

（端裏書）
「久世上下庄公文職安堵御教書以下五通案」

（一）　室町幕府管領沙弥道端（畠山満家）施行状案

東寺八幡宮雑掌申、山城国』（乙訓郡）久世上下庄公文職事、早任去年』十二月廿四日安堵、可全寺家所務之』由、所被仰下也、仍執達如件、

応永十八年二月廿三日　　　沙弥（道端満家）判

高土左（佐）入道殿（祥全師英）

畠山殿
心（真）観寺殿

○正文は「東寺文書　射十七」にある。

(二)　山城国守護祥全（高師英）遵行状案

東寺八幡宮雑掌申、山城国』(乙訓郡)久世上下庄公文職事、任御』施行之旨、可
全寺家所務』状如件、
応永十八年四月十三日　判
高土佐入道(師英)祥全
佐治因幡(崇朝守直)入道殿

○正文は「東寺文書　射十七」にある。

(三)　山城国守護代崇朝（佐治守直）遵行状案

東寺八幡宮』雑掌申、山城国』(乙訓郡)久世上下庄』公文職事、任』今月十三日御
遵』行旨、可沙汰付』状如件、

応永十八
四月廿五日　守護代佐治　判（崇朝守直）
吉田弾正殿

○折紙を摸して書写されている。正文は「東寺文書　射十七」にある。

幕府上久世庄公文職を舞田慶貞に還補

（四）　足利義持御判御教書案

東寺八幡宮領山城国上久世庄（乙訓郡）公文職』名田畠等事、寒川出羽入道常文（元光）
去応永』廿一年七月廿六日雖掠給安堵、本公文舞田』十郎左衛門尉慶
貞帯建武三年御判』以下証文之上者、如元、被補任慶貞、弥専』神用、可
致祈禱精誠之状如件、

応永卅四年十月三日　勝定院殿　御判（足利義持）

当寺供僧中

○正文は「東寺文書　射十三」にある。

公文得分内二十石を寺

（五）　室町幕府管領沙弥道端畠山満家施行状案

当寺八幡宮領山城国上久世庄（乙訓郡）公文職』名田畠等事、早任去月三日御判之旨、』相副補任、可被沙汰付下地於舞田』十郎左衛門尉慶貞之由、所被仰下也、』仍執達如件、

応永卅四年十一月廿日　沙弥（道端畠山満家）判

真観寺殿

東寺供僧中

○正文は「東寺文書　射十七」にある。

○以下一紙白紙

七四　室町幕府御教書案　（二八・四×二九・五）

御教書案

〃銘〃云　〃当〃寺〃供〃僧〃中　〃管〃領〃道〃端

東寺八幡宮領山城国上久世庄（乙訓郡）公文職』得分米内弐拾斛事、所被付寺家

家修理要脚に宛つ

一切損免を申すべからず

修理』要脚也、令存知其旨、毎年厳密可致』修理之由、所被仰下也、仍執達如件、

応永卅四年十二月九日　沙弥（道端畠山満家）判

当寺供僧中

七五　宝珠院好尊大和国河原城庄代官職請文

（下部欠）（二七・七×四七・七）

（端裏書）「河原城代官請文」

請申、

東寺領大和国（山辺郡）河原城庄御代官職条々、

一請口毎年拾伍貫文内、五月中五貫文、』拾壱月中拾貫文、堅可致其沙汰事、

一寄事於左右、損免事、一切不可申入事、

一堅約諸申上者、過約月、不可申是非事、
右条々、申定上者、臨期兎角不可有難□（渋）』儀者也、万一、猶背申寺家者、可被任寺□（例）』者也、仍請文状如件、
永享六年三月十八日　宝珠院 好尊（花押71）
正暦寺宝珠院

七六　松山乗栄書状　（折紙）（二九・一×四七・六）

不入之御判』御教書案』給候、驪陣へ』可遣候也、恐々』謹言、
永享六
九月廿六日　松山入道 乗栄（花押72）
（若狭国遠敷郡）
太良庄本所政所殿

七七　金剛王院房仲書状　（二紙）（二八・一×九〇・三）

（礼紙切封上書）
「（墨引）　房仲」

委細承候、歓喜寺僧事、』若ふと下向之事もやと存候て、』昨日聽々出
人相尋候処、』未下向候ハて、今朝見来候間、』目出候、仍御使同道候
て、参』申候へと申候、其にて委細御』談合候へく候、若此方相違之』子
細候て、小河入道にも被仰候ハん』するにて候ハヽ、ふと可申下候、去
年』罷下候て、存知之物候、これも』於于今無沙汰事候ハす候、尚々此
僧』事者、自故僧正之時、歓喜寺之』使ニ罷上候て、多年存知仁候、』事
々期後信候、恐々謹言、

（異筆）「永享七」
六月廿一日　（金剛王院）「房仲」（自署73）

（二七・八×四六・七）

七八　越後賢増田地寄進状

奉寄進　私領田地事、

合壱段者、在所坪付等、有本券、

右田地者、買得相伝地也、而為後生菩、限』未来際、相副相伝支証、所奉

寄進』東寺西院、仍為後証、寄進状如件、
永享十一年十二月廿一日　法眼賢増(越後)（花押74）

七九　山城国拝師庄百姓中申状（折紙）（二八・三×四六・七）

（見返端裏書）
「鳥羽百姓折帋文安元年」

鳥羽方切田拝師(紀伊郡)』御百姓等一同申上候、』抑数米并へつい(竈)如先』例可被召候、近年』過分被召候之間、歎』存候、如去年被召候者、』於御年貢者、難致沙汰』候、此段、預御披露候』者、可畏入候、恐々謹言、
（文安元年）
十月十九日　自御百姓中
東寺預所殿

数米・竈米
先例の如く
召さるべし

八〇　山城国拝師庄百姓中申状（折紙）（二八・六×四七・一）

（見返端裏書）
「鳥羽百姓折帋文安元年」

庭米一人前
一庭
竈米三済
数米上手を
召さるべし

鳥羽方切田拜師（紀伊郡）』御百姓等一同謹申、』右子細者、御庭米』事、一人前可為』一庭事、次竈』米事者、可為』三済候、同数米者、』上手可被召候、此条々』預申御沙汰候者、御年貢』早々可致沙汰候、此之段』預御披露候者、所仰候、』恐惶謹言、

（文安元年）十月廿四日　自御百姓中

東寺預所殿

八一　西院常灯料田文書

（続紙）

（一）　中原師孝田地寄進状

（二八・六×四二・六）

奉寄進　東寺西院常灯料所事、

在、山城国紀伊郡内、御稲田事、

合肆段者、

壱段者、真幡木里十四坪、西縄本、東御稲、

半者、真幡木里卅坪、東縄（本脱）南ヨリ、東御稲、

壱段玖拾歩、河副里廿五坪、北縄本也、西御稲、

壱段玖拾歩、河副里廿坪、西縄（本脱）作通（道）ヨリ、西御稲、

証文火事に紛失す

仏陀施入

右田地者、師孝為譜代相伝本領、于今無相違地也、然而、『依有宿願之子細、限未来際所奉寄進当院』也、於証文者、依有応永卅三年丙午歳三月六日火事、『粉(紛)失間、所不副進也、万一、称子孫、雖及違乱、既仏陀』施入之上者、更以不可有其煩者也、仍為未来』亀境(鏡)、所奉寄附之状如件、

文安弐年乙丑十二月廿七日　六角外記　師孝(中原)(花押75)

（二）　中原師孝田地売券　（二八・七×四二・四）

永代売渡申　田地事、

在、山城国紀伊郡内、御稲田事、

合肆段者、

壱段者、真幡木里十四坪、西縄本、東御稲、

半者、真幡木里卅坪、東縄(本脱)南ヨリ、東御稲、

壱段玖拾歩、河副里廿五坪、北縄本也、西御稲、

壱段玖拾歩、河副里廿坪、西縄(本脱)作通(道)ヨリ、西御稲、

右、彼御稲田之本所職者、為譜代相伝之田地、帯代々』公検(験)証文、知行于今無相職者也、然而、難去依』有公用子細、直銭弐拾伍貫文仁、限永

代、奉沽脚（却）』東寺西院常灯料者也、然間代々手続証文相副之、』可進之処、応永卅三年丙午歳三月六日火事粉（紛）失』間、所不副也、千万、或号子孫、或称相伝及違乱者、可』被処罪科者也、若猶此下地相違事出来之時者、』師孝知行之内雖何田地、為　公方様御成敗、可被押』召者也、仍為後証、売券状如件、

文安弐年乙丑十二月廿七日　六角外記　師孝（中原）（花押）

（二七・二×四三・〇）

八二　中原師孝田地寄進状

奉寄進　東寺西院常灯料所事、

在、山城国紀伊郡内、御稲田事、

壱段者、真幡木里十四坪、西縄本、東御稲、

合肆段者、半者、真幡木里卅坪、東縄（本脱）南ヨリ、東御稲、

壱段玖拾歩、河副里廿五坪、北縄本也、西御稲、

壱段玖拾歩、河副里廿坪、西縄（本脱）作通（道）ヨリ、西御稲、

右田地者、師孝為譜代相伝本領、于今無相違地也、』然而依有宿願之子

細、限未来際、所奉寄進当院』也、於証文者、依有応永卅三年丙午歳三月六日火事、』粉《(紛)》失間、所不副進也、万一、称子孫、雖及違乱、既仏陀』施入之上者、更以不可有其煩者也、仍為未来』亀境《(鏡)》、所奉「寄《○書き直》」附之状如件、

文安弐年乙丑十二月廿七日　六角外記　師孝（花押76）（中原）

八三　中原師孝田地寄進状案　（一五・五×四三・〇）

○八一号文書(一)の案文、本文を省略する。

八四　中原師孝田地売券案　（一五・五×四三・四）

○八一号文書(二)の案文、本文を省略する。

八五　室町幕府奉行人連署奉書　（折紙）（二八・五×四六・七）

国催促停止

東寺領山城国』久世（乙訓郡）上下庄・上野（葛野郡）・』拝師（紀伊郡）・植松（葛野郡）庄并』所々散在以下
内宮役夫工米事、』可伺申之間、可被止』国催促之由候也、仍』執達如
件、
（異筆）「文安三」
十月廿七日　為秀（飯尾）（花押77）
常承（摂津満親）（花押78）
治部（国通）四郎左衛門尉殿
守護使

俗姓無き輩の交衆を許容すべからず

八六　室町幕府奉行人連署奉書案

（二七・六×四六・一）

（端裏書）
「当寺交衆輩俗姓事　公方奉書案宝徳二」
東寺交衆事、於無俗姓輩者、』先々雖不入衆、猥有致競望』族者、不可許
容之旨、寺家』連署之趣、聞食訖、此上者、』雖権門勢家之吹挙、不可被』

叙用之由、所被仰下也、仍』執達如件、

宝徳二年九月廿八日　沙弥（永祥飯尾為種）判

沙弥（性通飯尾貞連）判

東寺衆徒御中

○正文は「東寺文書　信」八号文書。

八七　山城国紀伊郡代馬伏忠吉書状

（封紙）（四七・五×二八・五）
（本紙二紙）（二八・八×九六・〇）

（封紙上書）

「（玄雅）寺崎殿　御報　（礼紙切封）「（墨引）」　馬伏五郎左衛門尉　忠吉」

尚々、御念比ニ承候、畏入存候、』返々河間二郎右衛門方堅可
致』催促候、

就御稲田事、重而預御状候、』恐悦至候、仍以前申入候つる』ことく、御

中に置かれし年貢を当方に渡されば然るべく存ず

一左右の間年貢催促待つべく申付く

沙汰者、京都にて可有』御落居候、被中置候年貢事』をハ、此方へ被渡
候者、可然存候、『百姓無沙汰仕候ハヽ、可致是』より催促候、諸事期
面』拝之時候、恐々謹言、

宝徳弐
十月十七日　忠吉（馬伏）（花押79）

御返報

八八　高橋定蔵書状　（二紙）（二八・二×九三・〇）

（礼紙切封上書）
「（墨引）
寺崎殿（玄雅）御返報　　高橋
定蔵」

重而委細示給候、彼』年貢催促之儀、一左右』間、可相待之旨、これに
て』はや申付候、物忩之子細』あるましく候とても、来』二日三日之比
可有御出候』者、其時申談候て、奉』書等之事、可申成候、』於私不可有
如在之儀候、』恐々謹言、

「宝徳二」(異筆)
十月廿九日　定蔵(高橋)（花押80）

（二紙）（二八・二×九三・〇）

八九　高橋定蔵書状

（礼紙切封上書）
「（墨引）　高橋
　　定蔵」
寺崎殿(玄雅)　御返報

如此候之間、御寄進』儀も不入候哉、一昨日ハ』不存寄、済々もたせられ候、』御煩痛入候、
就御稲田事、御状之趣』披露仕候、仍先日令申候』中分之意見、まつ寺家に御』領状候共、本主領否ハ不存知候』処、只今ハ一円闇申候様に、致』口入候へと承候、返々不存寄』儀候、肝要ハ去年以来被』置所務於中候之上者、公方』沙汰に被成候て、可被任　上裁候、』これも八幡之御神領にて候を、』折中候へと意見申候事、』且者神慮も叵測候へと

中分の意見

去年以来所務を中に置く

折中

寺家屈伏

重ねて口入す

も、』領主所申無予（余）儀候様に』意得置候間、内々令申候き、』寺家に無御承諾候上者、争』領主無子細候とハ可申候哉、』所詮、如以前、可被経御沙汰候と』申とて候、恐々謹言、

（異筆）「宝徳二」
十一月七日　（高橋）定蔵（花押81）

九〇　高橋定蔵書状

（二紙）（二九・三×九五・一）

（礼紙切封上書）
「（墨引）
高橋
定蔵」

（玄雅）寺崎殿　御報

就御稲田事、委細示預候』趣、致披露候了、此題目、為』寺家御屈伏之間、（船橋業忠）外記方へ雖』申試候、不能承引候、此上者』可被成御沙汰候歟、然者年貢』事者、押置候間、落居之程、』両方不可有催促候、乍去、』重猶口入仕候て、彼方之儀』申おり（降）候ハ、、自是可申之由』候、恐々謹言、

御報

「宝徳二」(異筆)
極月十九日　定蔵(高橋)(花押82)

九一　船橋業忠田地寄進状

(二八・七×四八・二)

(附箋)「此判形
五条大外記業忠」(花押83)

奉寄進、東寺西院常灯料所山城国鳥羽庄(紀伊郡)内御稲田事、
在、紀伊郡内真幡木里十四坪、壱段、東御稲也、
合肆段者、
真幡木里卅坪、半、東縄(本脱)南ヨリ、東御稲、
河副里弐十坪、壱段九十歩、西縄作道(本脱)ヨリ、西御稲、
同里廿五坪、壱段九十歩、北縄本也、西御稲、

中原師孝闕
所跡

右大炊寮領者、為師孝(中原)闕所跡、去文安五年所令』拝領也、而此肆段事、
雖有師孝寄進状、任通法、可』勘落之処、寺家懇望之間、別而存敬心、為

西院常灯料田

年貢を中に置く

東寺』西院常灯粁所、奉寄進者也、雖為子孫、不可有』違乱、万一、他妨出来者、被申　公方可被止其』煩也、去年冬雖出書状、殊更重寄附状如件、

宝徳参年八月廿三日　（船橋）「業忠」（自署84）

九二　山城国紀伊郡代馬伏忠吉遵行状　（折紙）（二八・七×四八・二）

山城国紀伊郡内、』東寺領散在之』下地事、去廿二日』任御奉書之旨仁、』可被置年貢於』中仁者也、仍執』達如件、

享徳元
九月八日　（附箋）「馬伏五郎左衛門尉」
忠吉（花押85）

品川殿

九三　山城国守護徳本（畠山持国）内書案　（二七・八×四六・〇）

（端裏書）「守護殿　内書　日吉呉乱停止事案文」

散合に及ぶべからず

一切地検に及ぶべからず

此正本造営方有之、

日吉田事、去年雖被成御』教書候、於東寺領拝師庄（山城国紀伊郡）并』所々散在田地者、数通証文明』鏡之間、不可准自余之上、殊任』去応永四年十一月廿四日御成敗』旨、不可及散合之由、可有存知候也、』謹言、

享徳元
十一月十六日　　畠山殿
徳本（持国）在御判

守護代
遊佐（国助）河内守殿

九四　山城国守護代遊佐国助遵行状　（折紙）（二九・四×四七・五）

東寺領拝師庄（山城国紀伊郡）』并東西九条（山城国紀伊郡）所々散』在田地等事、雖有』日吉田散合、如此』被成御書、一切不可』及地検之旨、被仰出候、』可有存知候也、謹言、

享徳元
十一月十六日　　国助（遊佐）（花押86）

馬伏（忠吉）五郎左衛門尉殿

九五　山城国紀伊郡代馬伏忠吉打渡状　（折紙）（二八・〇×四七・六）

山城国紀伊郡内』東寺領拝師庄』并東西九条所々』散在田地等事、』雖有日吉田散合、』去十六日任御奉書』之旨仁、一切不可及』地検由之状如件、

享徳元
十一月十八日　（附箋）「馬伏五郎左衛門尉」忠吉（花押87）

品川殿

九六　越後祐算稲田上分銭寄進状　（二八・二×四六・〇）

（端裏書）「御稲田弐段称鎮守八幡宮領祐算法橋知行之間、上分寄進状」

寄進申、

東寺　八幡宮領御稲田上分事、

灯油料

合弐段者、
右下地者、法橋祐算為相伝之地、当知行』無相違之処也、然而、彼年貢米之内、』段別百文宛、弐十疋、毎年無懈怠、』為灯油可捧之候、曾以不可有』不法之儀候、仍為後証之状如件、
享徳弐年六月三日　越後法橋　祐算（花押88）

最初契約の旨に任せ山門として一円知行

九七　山門西塔北谷学頭代印運折紙

（折紙）（二八・五×四六・〇）

就金台坊領之事、』去年触遣処、不』被能是非返答、当』年又違乱云々、子細何』事候哉、無往古及《（マヽ）》』課役之沙汰之条、』無勿躰次第也、所詮、』可被停止違乱、猶以』無承引者、任最初』契約之旨、為山門、』可致一円之知行者也、』雖及一段大儀、可有』厳密衆議哉之旨、』折紙之状、執達』如件、○以下見返

享徳二
十月三日　西塔北谷学頭代印運（花押89）
東寺
雑掌

日吉田雑掌の違乱

九八　山城国守護代遊佐国助遵行状　（折紙）（二八・五×四七・二）

東寺領山城国東（紀伊郡）』西九条并拝師庄（紀伊郡）以下』散在名田畠等、日吉』雑掌違乱事、任』今月五日御奉書旨、』可全寺家所務之由、可』相触作人等之状如件、

享徳弐
十月七日　国助（遊佐）（花押90）
馬伏五郎左衛門尉（忠吉）殿

九九　廿一口供僧連署置文事書　（二七・五×四五・二）

長禄元年引付云、

寺務未補時の法式

一寺務未補之間、世間出世式法事、『或検断所務等、寺務執沙汰分者、』悉供僧中可為御沙汰之由、衆儀治定了、』就是、以連署被定法式了、

一寺務未補之間、公事物・年貢以下』相節事、委細在之、

西院文庫廿一口方第一箱在之、

一〇〇　公文所浄聡等連署手猿楽禁制請文

（続紙二紙）（二七・五×九一・四）

（端裏書）
「手猿楽制禁請文寺中」

手猿楽一向停止

謹請申　手猿楽之事、

右手猿楽事、近年大方御制禁之処、今月』十八日夜、於乗観（祐清）在所沙汰之、然出来当座』喧嘩之間、則雖可有御罪科、被猿楽一向停止之』段、不分明歟之間、於今度許者、預御宥免者』也、所詮、於自今以後者、堅被停止早、若背此旨、』向後致沙汰者、会所仕輩、不及是非之御沙汰、』速被

たとえ判形を加えずといえども境内住人・寺家被官同罪たるべし

破却住屋、被召放諸職、至其身者、永』可被寺中於追放也、縦雖不加判形、於此請文、』於境内住人并寺家被官之輩者、可為同罪者也、』仍為未来亀鏡、請文之状如件、

長禄参年七月　日

（寿賢）乗珍（花押91）
（慶性）清増（花押92）

（乗円）祐深（花押93）
（敬蓮英玄）玄英（花押94）
（乗観）祐成（花押95）
（敬定）証英（花押96）
（越後）祐算（花押97）
（若狭）祐賢（花押98）
（石見）聡我（花押99）

（出雲）尭玄（花押100）
（美濃）元秀（花押101）
（備後）聡秀（花押102）
（上総）増祐（花押103）
（豊後）宝俊（花押104）
（駿河）聡快（花押105）
公文所法眼
（駿河）浄聡（花押106）

一〇一　豊田頼英大和国河原城庄代官職請文土代

（二八・七×四七・六）

請申、
東寺領大和国河原城庄（山辺郡）代官職事、
一於御年貢者、請口毎年弐拾貫文、九月』中悉可致運送、如此請切申上

年貢請口二十貫文九月

中に運送すべし

田畠興行あらば年貢を加増すべし

約月過ぎば代官職を改易すべし

大乗院尋尊の口入

者、不依下地』之損不、亦不申自然国中之物忩等、悉可致』其沙汰之事、

一田畠等興行仕、下地雖為段歩、令出来者、无』隠密之儀、相当下地分御年貢、必可加増申事、

一若御年貢請口之内、雖為壱銭、過件約月』九月、剰寄綺(緈)於左右、令難渋者、御代官職不』日可有御改易事、

一為大乗院御門跡様(尋尊)御口入之上者、曾不可』致無沙汰緩怠事、

右条々、或令不法、或及𠔥儀、於子細申者、急』公方様被訴申、可及厳密之御沙汰矣、

若雖為一事、背此旨申者、

八幡大菩薩并春日大明神等可蒙御罰』者也、仍請文之状如件、

長禄三年己卯、、、

田所職

一〇二　福本盛吉書状

（封紙）（四二・三×二八・一）
（本紙二紙）（二八・四×八四・二）

（封紙端書）
「寛正三　二　廿二」
（封紙上書）
「　　　　　　　　　　　福本式部尉
進上　東寺
御公文所人々御中　　　　盛吉」
（礼紙切封）
「（墨引）」

畏申上候、
抑、就（備中国哲多郡新見庄）田所職之事、大田方』上（洛）落候、委細者、彼仁ニ御尋候者、』可伝申候間、御自然御付候者、』公私目出度可存候、恐惶謹言、
（寛正三年）
二月十三日　　　　　（福本）盛吉（花押107）
進上
東寺
御公文所（駿河浄聡）参
人々御中

一〇三　室町幕府禁制案

（二七・四×四一・六）

軍勢甲乙人の乱入狼藉を禁ず

稲荷法楽自今以後法会奉行沙汰すべし

(端裏書)
「上久世庄制札案九 寛正三 廿六 散位三善云々、下野守三善云々、」

禁制

東寺領山城国上久世庄(乙訓郡)、

右、軍勢・甲乙人不可致乱入狼籍(藉)、『若有違犯之輩者、堅可処罪科』之由、所被仰下也、仍下知如件、

寛正三年九月廿六日

散位三善朝臣(飯尾之種)判

下野守三善朝臣(布施貞基)判

一〇四　廿一口方年預光明院尭忠奉書

(折紙)(二七・二×四五・五)

稲荷法楽事、於自』今以後者、自廿一口方』雖不触申、為法会』御奉行、可有御沙汰』候、次供養法可被』用表白候之由、衆儀』候也、恐々謹言、

寛正六

四月四日　(光明院)「尭忠」(自署108)

法会(卿覚永)奉行御房

細川勝元半済を申請

一〇五　山城国半済文書案

（続紙）

(一)　室町幕府奉行人連署奉書案

（二九・〇×四五・三）

山城国西岡(葛野郡・乙訓郡)・中脈(紀伊郡)所々散在寺社本所領』半済分除、賀茂・八幡・春日・北野領等、事、就(改行ママ)
今度忩劇、細河(川)右京兆(勝元)被申請之訖、』早参御方、各可被抽軍功、然者、
随』忠節浅深、可有恩賞之由、所被』仰下也、仍執達如件、

応仁元年八月廿七日

散位(親基)　(附箋)「斎藤民部大輔」
下野守(貞基)　(附箋)「布施」

中脈地頭御家人中

(二)　室町幕府奉行人連署奉書案

（折紙）（二九・〇×四五・六）

異儀に及ばば罪科に処すべし

山城国西岡（葛野郡・乙訓郡）・中脈（紀伊郡）所々』散在寺社本所領』除、賀茂・八幡・春日・北野領等、半済分事、』任細川右京兆勝元被』下請之旨、被成奉書訖、』早相副使者、厳密可』被加下知、若又有及』异儀之族者、云在所、云』交名、随注進、可被処』罪科之由、被仰出候也、』仍執達如件、

応仁元
八月廿七日　（斎藤）親基
（布施）貞基

山名弾正忠（是豊）殿

一〇六　廿一口供僧連署供僧職挙状　（一紙）（三三・三×九八・〇）

東寺供僧職事、宗杲（観智院）僧正所譲与』宗演（中納言）阿闍梨也、任例、為申入仁和寺宮（法深法親王）、連署（署）之状如件、

文明八年十二月八日　阿闍梨「真照（大納言）」（自署109）
阿闍梨「祐源（侍従）」（自署110）

阿闍梨「頼俊」（治部卿）（自署111）
阿闍梨「宗承」（三位）（自署112）
阿闍梨「重禅」（大輔）（自署113）
権律師「厳信」（宰相）（自署114）
権律師「公遍」（実相寺）（自署115）
権少僧都「俊忠」（増長院）（自署116）
権少僧都「融寿」（宮内卿）（自署117）

権少僧都「覚永」（宝泉院）（自署118）
権少僧都「教済」（宝菩提院）（自署119）
権少僧都「原永」（正覚院）（自署120）
権大僧都「宏清」（宝厳院）（自署121）
権大僧都
法印権大僧都「尭杲」（金蓮院）（自署122）

法印権大僧都（宝輪院）「宗寿」（自署123）
法印権大僧都（宝生院）「杲覚」（自署124）
法印権大僧都（仏乗院）「仁然」（自署125）
法印権大僧都（金勝院）「融覚」（自署126）

（二六・二×四五・五）

一〇七　少将俊雄放論義法度請文

（端裏書）
「俊雄阿闍梨遂業請文 文明九 閏正 九」

東寺学衆初任之時、』鎮守講遂業論義事、』堅守放論義法度、努々』不可
讃通之儀、若偽申者、』可奉仰
八幡大菩薩并列祖之』照覧者也、
文明九年閏正月九日　（少将）俊雄（花押127）

一〇八　石井数安書状

（折紙）（二七・二×四〇・〇）

引付を御覧候て承りたし

公領を掠めて社領と号すこと珍らしからず

（見返端裏書）
「文明十　二　廿八」

昨日、御両判御折帋、』廳中孫大郎方へ下候』処、無謂子細共、至今』申候、言語曲事候、但如』承候、つめ（詰）ハ於奉行所』被仰合候者、可有何子細』候哉、此下地、先年永享』年中注進之時ハ、鳥羽』弥三郎作人候、以後改名』観阿ミと申候き、後又』作人替候ける歟、御』引付を御覧候て承』度候、為心得候、次同与一』前、是又号八幡田候、』○以下見返弥可為輙候、代官等当』時未練事共候間、如何と』無心元存候処、如此答申候』時者、無不審候、彼辺』者共、掠公領候へハ、彼之』社領と号候、不珍候』事候間、返々不可有御驚』候哉、何ヶ年計、何も』御未納ニ候ける哉、無御心元候、』昨日之次第共、委細者代』官可申入候、先以内々』可得御意候也、恐々謹言、

（文明十年）
二月廿八日　　　　数安（花押128）
石井左近将監

殿中御会に祇候す

（乗観祐成）中殿

一〇九　石井数安書状　（折紙）（二六・五×四五・五）

（見返端裏書）「文明十　三　十九」

昨日者預御折』紙候、於　（九条政基）殿中様御』会之子細候て、祇候仕、』則御返事不申候、』恐存候、仍鳥羽両』人下地事、凡答候哉、』無相違様ニ候、尚々』能々相尋究、可』申入候、委細心得存候、』更無如在之儀候也、恐々』謹言、

（文明十年）三月十九日　石井左近将監　数安（花押129）

（乗観祐成）中殿　御報

一一〇　飯尾貞有折紙案　（折紙）（二六・二×四三・二）

（端裏書）「稲荷地口寺領免除案文明十二」

地口銭催促停止

東寺領洛中』敷地当知行分』地口之事、可伺』申之間、先可被』止催促候、恐々謹言、

文明十一
卯月三日　飯尾美濃守　貞有判

稲荷社々司御中

○端裏書は折紙を開いて書く。

夏衆・不断時得分

一一二　学衆方奉行宝菩提院俊雄折紙　（折紙）（二五・五×四三・五）

播磨（聡賢）分夏衆』徳（得）分并不断時』徳（得）分、悉可被押置候』之由、衆議ニ所候也、』仍折帋如件、

文亀元
十月廿二日　学衆奉行　俊雄（花押130）（宝菩提院）

夏衆奉行
越中寺主御房（秀重）

一一二　石井在利書状

（折紙）（二五・七×四三・二）

（見返端裏書）
「下司任料事
石井左衛門大夫折紙永正元十 十七」

委曲使者可申』入候也、
（山城国紀伊郡）
拝師庄御補任事、』聽而可賜候処、萬』依無力、于今如此延』引仕候、今
日内々可』参由申候き、雖然、自』他御祝言事にて候間、』当月之事者、
相延』可被懸御意候、来月』初ニ八必可令参候、依』任斮内、且先奔走』
次第参貫文分送』進之候、是等趣』御心得候て、預御取合』〇以下見返候者、可為畏
悦候、』毎事以参拝可申』達候也、恐々謹言、
（異筆）
「永正元子」
十月十七日　石井左衛門大夫
在利（花押131）
（祐春）
乗観房御宿所

一一三　山城国拝師庄伏見方百姓円浄書状　（折紙）（二七・四×四六・〇）

（見返端裏書）
「拝師年貢事
伏見円浄入道折紙 永正元十一　十三」

猶々きつと御』と、けて可給候、

態、以折帋』申上候、仍藤宰（高倉永康）相殿之御代官』岡ひんせん（備前）殿』、あわち（粟津清忠）
三郎左』衛門、東寺田』はやし（拝師）（山城国紀伊郡）内御年年（貢）』一色ニ可めさる（召）候』由、被仰出
候、此分』度々石井殿へ』注進申候へ共、』○以下見返未無御返事、』百姓中迷惑』存
候、聽而御と、（届）』け候て可給候、』暮々延引候て、』取納と被申候間、』迷
惑存候、此趣』寺家へ御披露』候て可給候、委細儀ハ』きやうふニ申入
候、恐』惶謹言、

（異筆）「永正元子」
霜月十三日　伏見 円浄（花押132）

（在利）石井殿 御宿所

年貢請口十五貫文九月中に運送す

一一四　山城国拝師庄竹田方百姓竹内七郎二郎書状　（折紙）（二六・一×四四・二）

尚々御ふしん（不審）』の子細候者、』何時候も可有』御糺明候、

拝師（山城国紀伊郡）弐反之』事、竹田ニ作仕候』間、未進之事』有間敷候、恐々』謹言、

（異筆）「永正六己巳」
卯月十三日　竹内七郎二郎
□□（花押133）

拝師御代官参

（見返端裏書）
「拝師内二反分　竹田ニ有之
竹内書状
永正五（ママ）　四　十三」

一一五　豊田澄英大和国河原城庄代官職請文　（二六・〇×四三・五）

請申、

東寺領大和国河原城庄（山辺郡）御代官職事、

一於御年貢者、請口毎年拾伍貫文、九月中悉』可致運送、如此請切申上

約月を過ぎば代官職を不日改替

大乗院門跡副状

者、不依下地之損不、『亦不申自然国中物忩等、悉可致其沙汰之事、
一田畠興行仕、下地雖為段歩令出来者、無隠密之』儀、相当下地分御年貢、必可加増申、若御年貢』請口之内、雖為一銭、過約月、剰寄綷於左右、『令難渋者、御代官職、不日可有御改易事、
一去寛正(三)壬午年仁、大乗院(尋尊)御門跡依御口入、故』(豊田)頼英御代官申預間、只今以其由緒、申請』上者、守先年御門跡御副状之旨、不可致無』沙汰緩怠事、
右条々、或令不法、或及吴儀、於子細申者、忩　公方江』被訴申、可及厳密之御沙汰矣、仍請文之状如件、

永正六己巳年十一月十五日　和州豊田澄英（花押134）

一一六　山城国拝師庄竹田方百姓奥田清久書状

（折紙）（二六・八×四三・八）

百姓中半損を求む

（見返端裏書）
「竹田奥田折紙永正六十二　廿五」

態折紙以申候、仍而拝（山城国紀伊郡）』師庄御年貢之事、此』間、被押下之儀、落居候間、』可在収納候、さ候間、』損免之事、各々百姓』中半損分と被申候へ共、』以前私共まて如申入候、』女（山城国紀伊郡）御田損免之上、壱斗』宛分候、可在御沙汰候、』諸役之事、悉算用』可申候歟、年内無余日』事候間、早々収納儀、』御沙汰候者、於我等』可然（○以下見返）存候、委細御返事ニ』可承候、恐々謹言、

永正六
十二月廿五日　奥田助太郎
清久（花押135）

拝師御代官
御宿所

一一七　松田英致書状　（二紙）（二五・七×八二・二）

（礼紙端書）
「永正七」
（礼紙切封上書）
「　（墨引）　松田対馬守

上意として久世庄を細川政春に仰せ出さる

東寺雑掌御房進之候　英致」

（山城国乙訓郡）久世庄事、（細川政春）房州へ』為　上意、懇ニ被仰出候、』我々、飯尾近江守（貞運）両人、為』御使罷向候、自房州又』（細川高国）右京兆へ入魂候て、御返事』被申候、且可然候、其子細』使者可申候、態人を』進之候、恐々謹言、

（異筆）「永正七」
十二月十七日　（松田）英致（花押136）

東寺雑掌御房進之候

一一八　勧修寺門跡常信法親王令旨封紙（四二・八×二四・七）

（封紙端書）
「自勧修寺門跡（常信法親王）　柳（本）下
永正十癸酉」

（封紙上書）
「　大蔵卿法橋
年預法印御房（金勝院杲琛）　「宗芸」（柳本）（自署137）」

○本紙は「つ函」五号文書(二六)と推定される。

拝師庄年々過分未進

一一九　細川高国奉行人中沢秀綱奉書　(折紙)(二八・一×四六・〇)

東寺領拝師(山城国紀伊郡)庵(ママ)年』貢事、年々過分之』未進在之云々、為事』実者、太不可
然、所詮、』急度被遂算用、』於有未進者、不日可』被納所、聊不可有難』
渋之由候也、仍執達如件、
永正十四
十二月廿四日　秀綱(中沢)(花押138)
石井河内守(在利)殿

拝師庄年々過分未進

一二〇　細川高国奉行人中沢秀綱奉書　(折紙)(二八・一×四六・四)

東寺領拝師(山城国紀伊郡)庵(ママ)年』貢事、年々過分之』未進在之云々、為事』実者、以外次
第也、所詮、』急度遂算用、於』有未進者、不日可致』其沙汰、若猶令難
渋』者、一段可被加御成』敗之由候也、仍執達如件、

永正十四
十二月廿四日　秀綱（中沢）（花押139）
拝師庄
名主百姓中

一二二　向井専弘書状案　（折紙）（二五・四×四二・〇）

八条買得分

（見返端裏書）
「向備より塩屋方へ
折帋案文永禄七」

尚々先規之筋』目、不相紛之趣、御』取合奉憑候、此外不申候、
御折紙拝見申候、』仍従河原庄（大和国山辺郡）、東寺へ』公用分事、八条買徳（得）』分より可
出置之由、御』意之通承候、八条』買徳（得）者、久事候へ共、公用』儀、豊田出
付候間、被』成其御意得、御申』分可畏存候、此使』僧毎年下向之仁ニ』
候之間、淵底被存知候、』聊此方無相紛儀候、』任先例、豊田分より』
○以下見返
半分宛可渡置』之趣、申事候、委細』者菊原・山右可被』申候、恐々謹言、

浄忠子息竜雲ト安三好康長に随逐し寺家乱入の風聞あり

（永禄七年）六月十九日　（向井備中守）向備　専弘判

塩壱　御返報

一一二　浄承等連署起請文　（二七・七×四三・三）

今度、竜雲ト安、三好山城令（康長）』随遂（逐）、寺家江可令乱入風聞、依』御座候、各以一味同心之儀、可被相支之』儀、被仰出候、寺家御意次第相働可』申候、将亦彼対一類、一切内通密』通之儀、曾以仕間敷候、若背寺命』申候者、日本国中大小神祇、殊八幡大菩薩・』稲荷五社大明神・高祖大師可』罷蒙御罰者也、仍起請文如件、

永禄九年三月廿九日

次第不同　浄承（花押140）

□□（花押断簡141）

（後欠）

一二三　播磨国矢野庄文書案

（折紙）（三一・〇×四五・四）

永禄九年後八月十六日

播州（赤穂郡）矢野庄書状案文

（一）　宝厳院亮祐書状案

去年京都物忩

公用銭近年あまりに少分

去年者、爰元依物忩、無音背』本意存候、仍為佳例、御祈禱之巻』数一
合・五明一本進入候、表祝儀』計候、兼又公用之儀、近年余』少分之儀
候、当年ハ、一角被仰』付、御寺納候者、可為衆悦候、弥々』於　八幡宮
神前、可抽御祈念』精誠候、恐々謹言、

（永禄九年）後八月十六日　（宝厳院）亮祐

赤松下野守（政秀）殿

御宿所

当年公用銭一角の寺納を求む

（二）　宝厳院亮祐書状案

就去年者、京都物忩故、無音』背本意候、仍野州（赤松政秀）へ御祈禱之』巻数一合
并五明一本令進候、『可然様、御取成所仰候、将又公用之』儀、近年余少
分儀候間、当年者、』一角御寺納候様、御馳走所仰候』頼存候、矢野庄（播磨国赤穂郡）之儀
者、為
後宇多院御起請符地、別而』子細在之寺領候、当寺
八幡宮大師南面一刻三礼』不動供（御本地供）、毎日執行断所候間、』○以下見返 可為御祈禱専
一候、此等之趣、能々』申入度候、恐々、（ママ）

後八月十六日（永禄九年）　亮祐（宝厳院）

円山弥左衛門尉殿
御宿所

（端）ハシ書
尚々寺領公用事、頼申候、』御私へ御祈念札・五明進之候、表』祝
儀計候、

（三）　某書状案

当寺領矢野庄（播磨国赤穂郡）公用之儀付、』先々御馳走、先以衆悦至候、』去年京都惣（物）忩故、無其儀候、』近年余少分候之間、当年八、』一角御寺納候様頼申候、御』祈禱札進之候、尚以可抽』精誠候、委細此仁可被申候間、』不能細候、恐々、（ママ）

後（永禄九年）八月一日

恵藤越中守殿御宿所

野州（赤松政秀）へ八、十疋　扇一本　書状

巻数一合

円山　扇　「祈」（○禱に重ね書）念札　書状

恵藤へ　祈禱札　書状

御影堂ヲリ二本、調下之、

山崎覚舜取次、

判桝を以て二十五石返弁

借書紛失

八幡紺座

一二四　小寺光任・□野光吉連署請文　（二六・一×四一・二）

藤岡石見守（直綱）御寺家へ御引替之代物、『以判升、廿五石被成御返弁、雖相済候、』借書依被見失、返進不被申候、若』いつかた（何方）より出来候て、申分御座候者、拙者』為請人之条、何時も右之廿五石之分』致弁於、御寺家へ返進可申候、若於相』遠者、可預御譴（譴）責候、更不可有吴』儀候、仍後日請状如件、

天正三
十月十三日

八幡紺座
小寺孫六
光任（花押142）
□野大納言房
光吉（花押143）

東寺
雑掌御中

一二五　起請文土代　（二七・〇×四一・二）

去年唐入御陣につき五カ条の御置目

武士奉公の者一夜の宿させ申間敷

商売人・諸職人同前

敬白起請文之事、

一去年唐入御陣ニ付而、五ケ条之御置目』御朱印之通、聊相違申間敷候旨、起請ヲ』書上申候といへ共、尚以、来三月高麗ヘ御』渡海ニ付而、重而、以御朱印、被仰出儀、存知仕事、

一侍、中間・小者・あらし（荒）子ニ至るまて、在所ニ年来居』住之者之外、新儀参候者、居住させ申』間敷候、親子兄弟たりといふ共、武士奉公ニ』出申者ニハ、一夜ノ宿をもかし（貸）申間敷候事、

一武士奉公人、商売人・諸職人ニ相紛来』計、可在之、其段念ヲ入可相改申、惣而慥なる』商売人・諸職人たりといふ共、新儀ニ来候者、』置申間敷きの事、

右之通、若相背者、於在之者、不移時日、親子』兄弟ニよらす、可申上候、若於相背者、

梵天・帝釈・四大天王、惣而日本国中大小』神祇、殊氏神蒙御罰、今生に

てハ癩病ヲ請、』来世にてハ八万地獄ニ堕在セられ、うかふ（浮）世有』間敷候、仍起請文如件、
文禄弐年正月
民部卿法印（玄以 前田基勝）様
御奉行

請人無き者に宿貸せざるを誓う

一二六　乗久祐慶年貢米請人請文
（二九・二×四六・二）

御年預方納之事、当年計乗慶（宗倫）ニ』被仰付候、御年貢米乗慶無沙汰仕候者、』我等為請人、御寺家へ立可申候、為其一筆』申上候（ママ）、仍後日状如件、

慶長元（年脱）十二月廿三日　乗久（祐慶）（花押144）

御年預様（宝厳院空盛）

一二七　西山款町住人連署請文
（二七・〇×四一・六）

今度、従公儀、宿かり（借）被成御』改候、今迄も無請人いたつら（徒）ものニ』宿を

かし(貸)不申候、已来とても左様之』者にハ、宿を借(貸)し申間敷候、』若背御意旨を申者御座候ハヽ、』何時も可被成御成敗候、仍為後日』状如件、

慶長六年九月十日　西山款町

和泉（花押145）　継印(敬定)（花押146）

乗清（花押147）　乗永（花押148）

越中（花押149）　河内(祐快)（花押150）

随善(盛祐)（花押151）　但馬(精真)（花押152）

祐慶(乗久)（花押153）　乗蓮（花押154）

乗珍(光盛)（花押155）　上総(浄慶)（花押156）

御年預様

一二八　飯田半兵衛請文

（切紙）（二九・〇×二九・八）

今度、従公儀、宿かり(借)被成御改候、』今までも無請人いたつら(徒)者ニハ、』

宿を借（貸）不申候、以来とても無請』人者ニハ、宿をかし（貸）申間敷候、若背』
御意、かし申者御座候ハヽ、可被成御』成敗候、為後日状如件、

慶長六年
九月十二日　飯田半兵衛（花押157）

御年預様まいる

一二九　浄順寿珍等連署請文

（二六・九×四一・八）

今度、宿かり（借）之事、被成御』改候、今までも無請人いたつら（徒）者ニハ、宿
をかし（貸）不申候、』以来とても無請人者ニハ、宿を』かし申ましく候、若背
御意、宿』をかし申者御座候ハヽ、可被成御』成敗候、仍為後日状如件、

慶長六年九月十三日　浄順（寿珍）（花押158）
あき（安芸）（浄恵）（花押159）
備後（花押160）

一三〇　公文所代河内祐快等連署請文　（続紙二紙）（三三・四×九八・四）

（端裏書）
「年預方田地
内検誓帋　慶長八十月七日宗琛奉行□」

当寺領諸庄園就御内検ニ、』雖為縁者親類、無一切贔屓』偏頗、立毛之
通見定、有様ニ』可申上候、若此旨於相背者、
日本国之大小神祇、殊ニハ
八幡・大師・稲荷大明神神罰』冥罰可罷蒙者也、
仍起請文如件、

慶長八年十月七日

公文所代
祐快（河内）（花押161）
継印（敬定）（花押162）
祐慶（乗久）（花押163）

新門方

本門方

定使

(但馬)精真(花押164)
(豊後)浄重(花押165)
(土佐)浄翁(花押166)
(円秀)宗忠(花押167)
祐慶(花押168)

年預様(金勝院宗琛)
参

一三一　本門指方喜兵衛申状　(二七・六×四〇・八)

乍恐申上候、

一新門方一ヶ月ニ五日之御役仕、』御給分として壱石六斗六升』被下候事、

一本門方一ヶ月ニ十五日御役仕、』壱石壱斗御給分被下候付、先年』御訴訟仕候へハ、定使明所於有』之者、申上候へとの御意御座候事、

一此度定使明所数多御座候間、い』つれを成とも被仰付被下候者、忝』可奉存候、以上、

寛永十年
十二月廿日　　本門方
喜兵衛（花押169）

御年預様
御納所

一三二　三条某書状　（一紙）（三〇・〇×九七・八）

（端裏書）（ママ）
「三条右府御生身供事」

（礼紙切封）
「（墨引）」

新年嘉祝雖事』旧候、不可有尽期』候歟、幸甚々々、抑、旧冬示給候』東寺訴訟事、執』申候之処、無子細由、』被仰候、就其本寺雑』掌可召給候、可申事候、』此間見来候法師をハ、』不可召給候、其子細御使に』可令申候也、事々期』面候、謹言、

法勝寺修正
咒師装束

冣勝光院執
行

正月廿二日　（花押170）

慈尊院御房

一三三　右中弁某奉書　（三一・四×五一・二）

（端裏書）
「法勝寺修正咒師装束事」

法勝寺修正咒師』装束事、申状如此候、』事于今無沙汰之間、忽』及御領違乱候之間、』可被究下、若及遅々』候ハヽ、可有厳密沙汰之』由、被仰下候也、仍執達』如件、

正月■日□□　右中弁「□□」（日野時光カ）（自署171）

冣勝光院執行御房

一三四　土肥宗真書状　（封紙）（四六・七×二七・三）（本紙）（二八・八×四六・〇）

（封紙上書）
「土肥新右衛門尉
宝厳院　御坊中　宗真」

（妙意）
同後家被加判形、為御心得候、
畏申入候、
抑、故入道（土肥元益）所申置候、　御影』堂小田等事、寄進状并本』文書等、慥ニ進
之候、預御披』露寺家候者、畏入候、日数以後、』早々可進之処、取乱子
細等、相』続仕候之間、如此令延引候、委細』者、故入道直令申入候哉、
能々』可得御意候、恐惶謹言、
（閏）壬正月廿五日（永享十一年）
土肥新右衛門尉
宗真（花押172）
（宝清）宝厳院　御坊中

土肥元益の遺書に任せて寄進状・本文書を進む

一三五　東寺長者菩提院能助御教書

（三二・二×五二・七）

寺辺水田涅槃・仏生講捧物料所として寄進

（端裏書）
「長者御教書涅槃・仏生講布施事」

寺辺水田弐段作主職事、『比丘尼善性帯代々貫首之』下知、領掌無相違之間、為涅槃』講・仏生講之捧物加増、令寄進』御影堂之由事、令披露候処、『与善之企神妙候歟、任先々沙汰之』趣、領知不可有相違之由、早可令』下知給之由、長者（菩提院能助）法務御房所候』也、恐々謹言、

二月五日　法印「厳深（佐）」（自署173）

謹上　東寺供僧御中

○正和二年から正和四年までのものである。

一三六　観智院栄盛・宝菩提院亮祐連署書状案　（二七・七×四四・〇）

（端裏書）
「案文」
（端裏上書）
「　東寺年預
　　栄盛」

喜（多）□土佐守殿

豊田春賀跡半分巽向専弘存知し年貢を納む

野間年貢寺納無し

就当寺領河原城(大和国山辺郡)之儀、雖度々令参候、』不懸御目候間、令啓候、仍去年
内々如』申候、巽向(専弘)方者、豊田(春賀)跡職半分存知之』由被申、七貫五百文寺
納候、野間方者、田数』被踏分、以其上、可有沙汰由被申、去年者一円』
無寺納候、然者、天下安全・武運長久御祈、』可及闕如候哉、双方被申分
被聞召分、』十五貫文寺納候様ニ、堅被仰付候者、満寺可為』大慶候、猶
於様躰者、石若存知之儀ニ』候之間、可被成御尋候、此等之趣可然様ニ
御取』合所仰候、恐々、(ママ)

(永禄五年)
二月十日　　　　(観智院)栄盛
　　　　　　　　(宝菩提院)亮祐

喜多土佐守(重政)殿

一三七　大和国平野殿庄雑掌朗遍書状　（三〇・八×四五・六）

年貢に就きて陳状を進む

（端裏書）
「平野殿雑掌書状」
（大和国平群郡）
平野殿御年貢』間事、陳状進之候、』子細見于状候歟、以』此旨、可令披露給』候、恐々謹言、
二月十六日　「朗遍」（自署174）
大蔵卿僧都御房

――――――――――

一三八　民部卿宗寛書状

（二紙）（二五・七×八八・五）

廐指合

（礼紙切封上書）
「　　（墨引）
（貞秀）
清和泉守殿進之候　　民部卿法橋
宗寛　」

何事共御座候哉、久』不能面拝候、御床敷』存候、随而御馬事、いまほと』預申度存候へ共、廐指合』子細候、まつ〳〵可返進候、如何、』依御返事、可引進候、次』東寺領事、可被返付候、何様』委細参、以面可申候、

恐々』謹言、

二月廿三日　「宗寛」(自署175)

一三九　藤岡直綱書状　（折紙）（二四・〇×三九・三）

猶々、明日上洛にて候、』将又、御宮作半』迄承候、近比』目出存
候、』先日斎越（斎藤越前守）（基速）へ、』我等よりの折帋御届候哉、』いかゝ被申候
哉、旁以面』拝可申承候間、』不能巨細候、
越前公、三向（三好日向守）（長逸）へ』可有見参之由候て』被来候、時宜無事ニ』相調之由候
間、先』以可然存候、仍而』箕面寺（滝安寺）（摂津国豊島郡）竜覚院』近日歓楽候て、于今』被相煩
候、就其、』京都上洛候て、養』生ありたきのよし候』間、上せ申候、我
等』申事ニハ、正知院ニ』御○以下見返あい候て、可然との』申事ニ候、不然者、』路庵
も当時』はやりくすし（薬師）』にて候間、両人之内』一人、可然との申事ニ候、』
若正知院ニ脈』を見せ申度由に』候ハヽ、御馳走之段、』別而奉頼候、

恐々』謹言、

（永禄二年）二月廿九日　（藤岡石見守）藤石　直綱（花押176）

（祐重）宝厳
御同宿中

一四〇　石井政安書状　（二紙）（二七・四×七九・九）

（礼紙切封上書）「（墨引）　政安」

（山城国紀伊郡）拝師庄地事候、いかにも公平候や』うにと相存候、兼又院町の御さ（沙汰）』た
ニつき候て、まいり候へき存候処、』八日よりちやう（腸）をはり（張）候て、かう』
こにはたらき候ハす候、すこしたて』なをし候ハ、、いそき〱まいる
へく候、』その時いつれも〱ハしく申うけ給』候へく候、御いそき
候ハ、、さたの御さ（雑掌）○をに重ね書』しやう「こ」なたへ御入候へく候、これ』にてもくハ

しくうけ給候へく候、』尚々いま、てまいらす候事申候はかり』候ハす、しなをき入候ハ、、御心候て、御』ひろう（披露）候へく候、あなかしく、

（観応三年）閏二月十二日　「（石井）政安」（自署177）

卜安玄竜寺家還住のこと

一四一　三好康長等連署書状案　（折紙）（二七・六×四三・三）

（玄竜）卜安儀、従（物外軒）（三好義賢）実休時』被拘置候間、彼一類』還住事、可申達』覚語（悟）候条、別而御』入魂可為祝着候、三向（三好日向守）（長逸）・』三下（三好下野守）（政康）・石主（石成主税助）（友通）此趣御座候、』恐惶謹言、

（永禄十年）三月三日　三好山城守　康長

矢野伯耆守　虎村

三好備中守　盛政（成）

（宝輪院宗秀）
東寺年預御房中

三好元長上洛

一四二　塩田胤貞書状

（切紙）（封紙）（二六・三×一一・〇）
（本紙）（一六・三×四五・七）

（封紙上書）
「塩田若狭守
　　胤貞」
東寺
　年預御房
　　参貴報

（端裏切封）
「（墨引）」

（三好元長）
就筑前守罷上候儀、』御音信・御巻数』并五明之代参拾疋』申聞候、御報
被』申候、随而私江御巻数』頂戴、次弐拾疋拝』領、畏存知候、毎事重』可
得御意候、恐惶敬白、

（享禄四年）
三月四日　（塩田）胤貞（花押178）

東寺（宝輪院宗諄）
　年預御房
　　参貴報

一四三　光明院尭運等連署書状

（折紙）（二三・七×四〇・五）

（見返切封上書）
「（墨引）　光明院
（尭祐）宝厳房
（宗秀）宝輪房　　尭運
」

返々何之道にても』此度相果候様、御』馳走専一存候、
御下向已後久無音、』万々背本意存候、』仍其方之御様躰共、』宝芥院披
露被』申候、然者礼物事、』御両人被成御談合、』可然様於相調者、更』不
可有𠮷儀候、寺領』分才之儀、能々御分別』肝要存候、恐々謹言、
（永禄十年）
三月十日　　妙観院
宗照（花押179）
宝芥院
禅我（花押180）
○以下見返
仏乗院
光深（花押181）
光明院
尭運（花押182）

三好長慶へ
礼物

三好康長大和へ出陣

一四四　某宗泉書状　（折紙）（二三・四×三九・〇）

従大□、以折紙』様躰被申候、三山（三好山城守康長）』近日和州へ』御出陣候間まて、』御急申事候、可然様、』寺家衆御談合』候て、御存分ニ無之候共、』無事之儀、可然との』釣（釣閑斎宗渭）（三好政康）も内存候間、』可被成御心得候、』吸江（吸江斎養真）へも以書状』可申候へ共、急候者、』無其儀候、御談合』○以下見返肝要候、急度』御返事可然存候、』

恐々謹言、

（永禄十年）三月十四日　宗泉（花押183）

藪入

（宝）（亮祐）「法」厳院○書き直

（宝）（宗秀）法輪院

まいる御同宿中

一四五　吸江斎養真書状　（折紙）（二六・四×四二・一）

御懇札過分至極候、』仍昨晩御帰寺之』由、先以目出度存候、』就其、

(釣閑斎宗渭)(三好政康)
釣斎被申候様、『相逺之由承候、如何ニ』在之儀候哉、
一去年罷下之折節、『拙者ニ被申候様、御返事』在之事候、我等罷下候』
者、其段可申聞候、『殊更、去年於南都』申聞候段、一々在之事候』間、
可御心安候、
一支証之事、是又、『以面上可申入候、
一只今於路次可参候間、『乍恐路次御出待申候、』以貴面可申入候間、』○以下見返
不能祥候、恐惶頓首、
(永禄十年)
三月十四日　　(吸江斎養真)吸江　拝
(亮祐)
宝厳
(宗秀)
宝輪
　　貴報

一四六　東寺長者尊勝院定助御教書

(三三・六×五三・八)

大成庄（尾張国海西郡）役事、』厳（按察）伊僧都陳状副具書、』如此、子細見状候歟之由、』法務僧正（尊勝院定助）
御房所候也、』恐々謹言、
（応長二年）三月十七日　権少僧都（皆明院）「勝瑜」（自署184）
謹上　（定厳）宮内卿法印御房

一四七　飯尾之種書状

（二紙）（二七・二×九一・四）

（礼紙切封上書）
「（墨引）
左衛門大夫
寺崎殿進之候　□□」

其後者、不能面拝候、御』床敷候、遂者、去年内々申入、』安堵仕候、水原入道事、近日』就公事役、催促之子細候歟、』侘（詫）事仕候、如彼父沙汰、無相違』様、預御取合候者、所仰候、』憑入存候、不存寄之儀、恐入候、』恐々謹言、

三月廿日　　（飯尾）之種（花押185）

（玄雅）寺崎殿　進之候

一四八　吸江斎養真書状

（上書）
「（亮祐）寺主殿　まいる
（宗秀）寺主輔
□□中々へ
吸江斎
養真」

（折紙）（二六・五×四三・四）

態、以使者申入候、

一拙斎罷下候へハ、貴寺江』飛脚差上候へハ、我等』被仰越候か、如何候、相』尋被申候間、大形』御存分申候キ、然者其』分、中々（釣閑斎宗渭）釣斎（三好政康）曖申』儀者、成間敷候間、』向後存間敷由、被申候』間、其段者、一向ミちかき』被申候様ニ候と申、先々』使者ヲ上申候、

三好政康曖あるまじ

一小（少）内情ヲ入申候、（玄竜）卜安』にも㚖見申候、

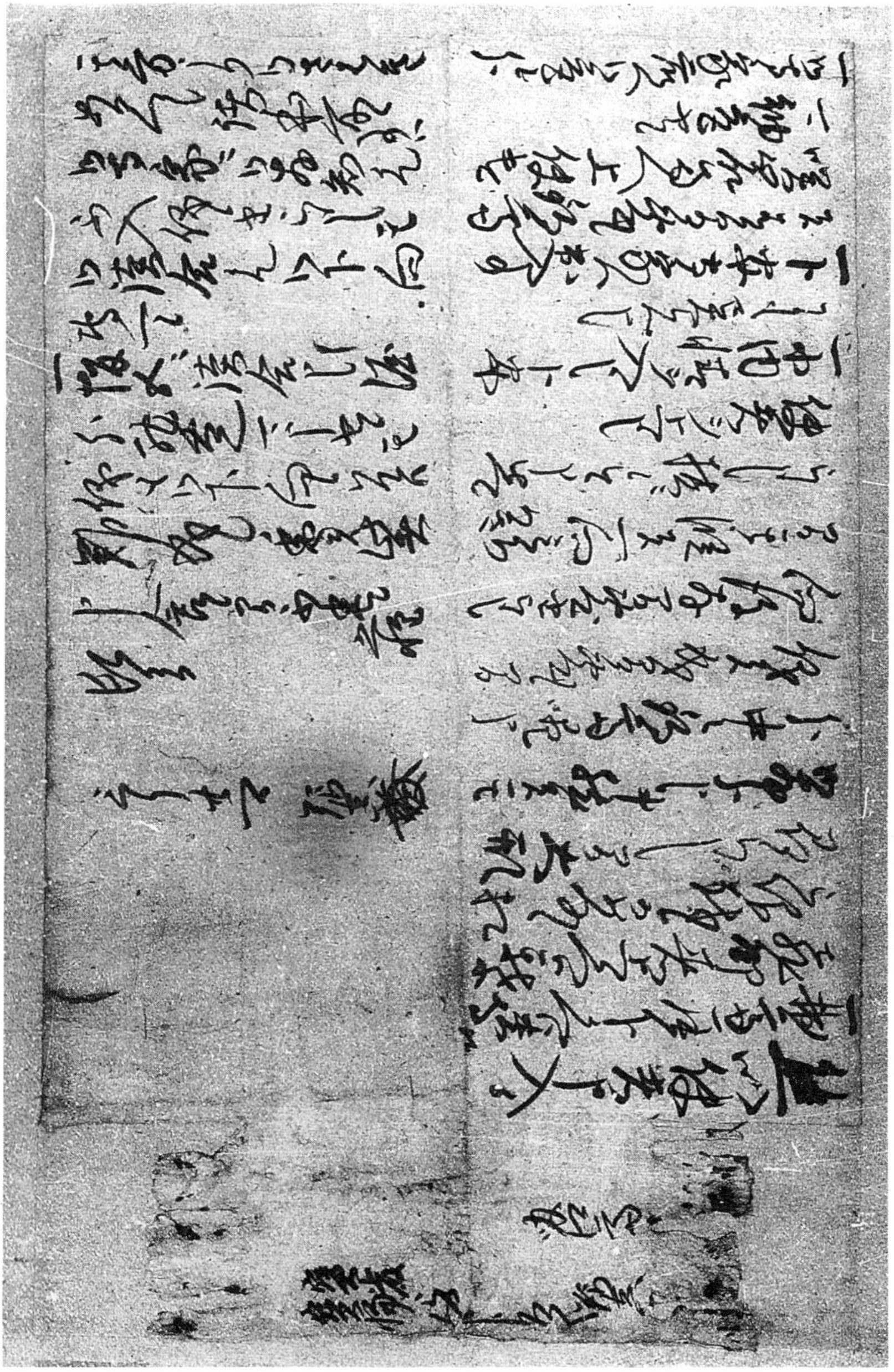

一四八　吸江斎養眞書状

玄竜卜安寺家出入のことあるまじ

川関料

算用未進あらば催促肝要

一卜安寺家へ出入事』者、有間敷候、釣斎・』咲岩（三好康長）両人上使遣、』可納取
由候、
一御寺家衆へ御取候分、』○以下見返其方より御さはき（捌）』あるへく候、諸本所之事
ハ、』御寺家ニ御存知候て、』不入儀候由、被申候へ、』御談合候て、御
下向』専一候、
一坂五ニ談合申候、涯』分馳走可申由候、其』儀も御下向候ハてハ、』難
成候、委者此者』申含候間、不委候、恐惶』頓首、
三月（永禄十年）廿一日　　養真（吸江斎）（花押186）

一四九　石井数安書状　（折紙）（二五・五×四三・六）

拝師（山城国紀伊郡）之内宇迦（賀）辻子』源衛門前、就未進儀、』御催促候、但川関』粁年々少
事宛、立』用申候、其分候間、迷惑』之由申候、此事者、庄内』何も不限之
候き、さ様』之段、御心得候て、被仰付』御算用候て、相残未進』候者、御

拝師庄下司
拝師庄代官

催促肝用(要)候、』此方よりも堅可申付候、』先以一筆令申候、委細之』事、御使可令申候哉、』恐々謹言、
三月廿三日　石井河内守　数安(花押187)
(祐栄)乗泉御房
○明応元年または同二年のもの。

一五〇　寺田法念請文　(三二・〇×四七・〇)

(播磨国赤穂郡矢野庄)当庄預所職、被改重舜之処、彼』代官在庄不可許容之由、今月九日』寺家御奉書、同廿四日謹承候了、此事』公人了心房下向、即日預所殿』相共、被仰含住民等候歟、雖不可有』子細候、任被仰下之旨、可致沙汰之旨、』可加催促候、更々不可有殊子細候、』其間条々令申入御使了心房候了、』以此旨、可有御披露候、恐惶謹言、

三月廿六日　　　沙弥法念《寺田》状（花押188）

○封紙は「ヌ函」三四六号文書と推定される。

一五一　実境庵□真書状　（折紙）（二五・七×四一・五）

尚々、板被召上、『此方小屋』明一段本望』候、返々ひわた《檜皮》代』其分ニさせられ』御はうし《芳志》所仰候、

先度者、参種々』御懇之儀、過分』存候、仍板数相』済、請取被下候、』拝見目出度』候、就其、檜皮』二しめ《締》二百卅文と』申処、たかく《高》候様ニ』承候、二百文并』たちん《駄賃》十文被下』候ハヽ、可然候、只今』此人夫ニ可被下候、○以下見返『菟角候共、可』申付候、一束之』くれ《樽》返給候、心得』申候、於日野《山城国宇治郡》、くれ』われ候も上之事候、』それハうま可申』上候、観知《智》院殿』へも、以書札可申』入候へ共、御取合奉』憑候、恐惶謹言、

檜皮二締二
百三十文

三月廿七日　（山城国宇治郡）自実境庵　□真（花押189）

宝厳院　参
人々御中

一五二　一宮上坊□念書状　（折紙）（二四・七×四〇・〇）

なを〳〵、態被』下候ニ、木御座』なく候て無曲候、』与風罷登候
て、』旁々可申述候、』委曲ハ甚左衛門』可被申上候、

御折帋委細拝』見申候、仍檜木』之儀承候、風ニ』折候木共候つる、』然
共、大略うれ（売）申候、』大工如存、生木ハ』うれ不申候、御寺家』より之儀
候間、御奉』公申度候へ共、無曲候、』委敷者、甚左衛門尉方』可被申候、
恐々謹言、

三月卅日　一宮上坊□念（花押190）

東寺
行海房御返報

一五三　関白二条持基御教書　（二紙）（二九・二×九七・一）

（礼紙切封上書）
「（墨引）
年行事御房　俊経」
（礼紙端書）
「自二条殿（持基）御所」

就率分在所、被申』子細之由、雑掌申候、実』事候哉、先日為所斬』可沙汰進之由、被仰候処、』彼折帋被返進間、』三宝院殿（満済）可被申候処、』此間除目ニ御物忩事候、』「今（○明に重ね書）」一両日程可被申候、且』公方様（足利義持）も御落居事候、』然而御沙汰未勅候間、先』被置事候、楚忽之御沙汰者』不可然候、御門跡御一躰御事候、』尚々如此被申候条「非（○書き直）」御本』意候、内々先此分可被申之』由、被仰下候也、恐々謹言、

（応永十六年）後三月廿四日　「俊経（高階）」（自署191）

○書き直「年行」事御房

玄竜卜安の身柄引渡申入る

一五四　吸江斎養真書状

（折紙）（二六・一×四三・一）

「（上書）輪（法輪院宗秀）御報　厳（法厳院亮祐）　吸江斎　養真」

尊札本望至極候、如』仰、先日以書状申候条、』定而御下向相待申候処、』無其儀候、近比之御油』断にて候、大かた（方）切々』被申候儀無之候、

一卜（玄竜卜安）分悉御渡候へと』被申候、中ニ成申間』敷由、申候へハ、早々相破』申候間、大かたニ申候、

一坂五入魂申候而、長房（篠原）』耳ニ入申候かおそく（遅）候間、』難成由被申候、昨夕も』参候而、種々申候、何も』無御下候ハてハ、不成候、

一拙斎、明後日三日にハ、』可罷上候間、其折節』以貴面、可申入候、御

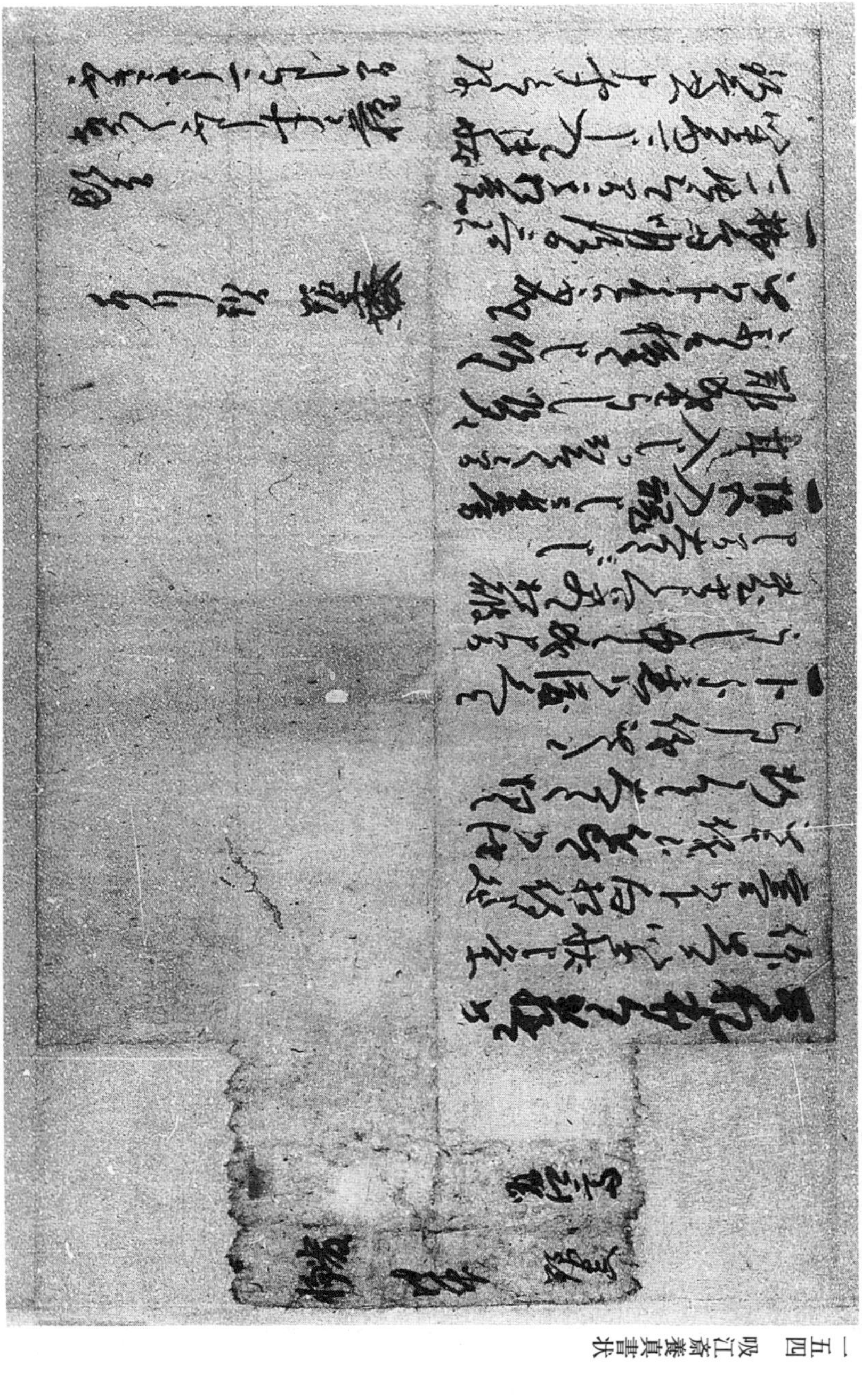

一五四　吸江斎養真書状

新見庄のこと未だ安富宝城に申さず

状』釣斎(釣閑斎宗渭)(三好政康)へ申聞候者、弥』○以下見返ふきやう(不興)可被申候間、』なか〱不申聞候、
恐惶』頓首、

(永禄十年)卯月朔日　(吸江斎)養真(花押192)

一五五　三宝院満済書状　(二紙)(二九・三×九九・〇)

(端裏書)「三宝院御状」

(礼紙切封上書)「　(墨引)

西南院人々御中」

(観智院)宗海法印状、加一見候了、』(備中国哲多郡新見庄)此庄事、未申(宝城)安富候、』(若狭)慶円法橋令参宮候
間、』罷帰候者、何様可申付候、』先日請文、如御存知候、不』及申遣候、
安富ニ其儀申事ハ、』曾不可存由存候、此由』能々可被伝仰候也、』謹言、

(応永二十七年)卯月二日　(三宝院満済)(花押193)

(賢長)西南院御房

人夫十人の提供を求む

一五六　石原重貞書状

（折紙）（二三・六×四〇・〇）

御懇之御折帋』本望候、人夫』之儀、天気上』次第ニ十人之』儀、御上候
て可』給之由、奉行』衆被申候、此間も』時分柄之儀候て、』廿八人御上
候、久秀（松永）』祝着之由被申候、』尚従我等相心』得可申旨候、』何も久秀以
面』御礼（○以下見返）可申入之由、』被申候、殊先度者、』我等へ為御樽、二十疋』被懸
御意候、過分』之儀難申尽候、』恐々謹言、

卯月三日　石原左馬助
　　　　　重貞（花押194）

東寺
　年預御房人々御中

大炊教仏重申状

一五七　東寺長者尊勝院定助御教書

（三三・八×五一・七）

当寺大炊（教仏）丸重申状』副具書、如此、子細見状候歟、』忩可被申左右之由所

候也、』仍執達如件、
(正和元年)四月五日　権少僧都「勝瑜」(皆明院)(自署195)
謹上　(定厳)宮内卿法印御房

公文所浄忠一類還住の折紙東寺に付す

一五八　某書状

(折紙)(二三・七×三九・〇)

「(見返切封上書)　(墨引)　塩若入
□□御返報　菟□」

尚々、三備返事之趣、『重而自是可申候、』自然何方より被申』候共、我等かた(方)へ被』相理之由、御返事可』然候、此外不申候、

条々御状拝見申候、仍』東寺衆徒中与公文(浄忠)』所被申結儀付而、只今』三(三好山城守)(康長)山・三備(三好備中守)(成政)・矢伯(矢野伯耆守)(虎村)より、彼』公文所一類可被作還(策)』住之旨候て、両三人折帋』東寺へ被付之由承候、』此段者、淵底我等式も』存知たる事ニ候、然処、』高屋衆寂前御紏明之』筋、被相敗(破)、可被作還(策)住』儀、一向不可然候、

秀吉への音信

定無案』内ニより候て、如此と存候、』就其、前々相□(置)候御』折帋案文并自東寺』一札下給候、何も請取』申候、○以下見返御存分之通、三備ヘ』具可申理候、定而不可』有別儀候、将亦貴所御状・』御樽、何も相届被申候、』乍去、今明之間ニ和州ヘ』三備出陣之儀候条、少逗』留行候共、届可申候、可』御心安候、随而私ヘ杓一っ』被懸御意候、一段畏存候、』尚期後音候、恐々謹言、

(永禄十年)
卯月六日　　蒐□(花押196)

一五九　加□秀康書状

(折紙)(三一・五×四七・三)

御状忝存候、仍』秀吉へ御音信之』物、新介披露被申、』一たん祝着被申候、』将亦われら(我等)へも三十疋(持)』もたセ被下候、遠路』御懇切之段、書中』不得申候、旁帰陣之刻』可申入候、恐々謹言、

四月八日　　加孫六
秀康(花押197)

東寺
年預御房御報

一六〇　某政吉書状　（切紙）（一六・七×四四・六）

（端裏切封）
「（墨引）」

尚々、釣閑斎内証存分、』吸江存知にて候、被成其御心得、』各若衆へ御呉見可為専用候、』将亦御神事御取乱候段、無』余儀候間、釣斎へ懇』申聞候、於津田（河内国交野郡）表敵取出候へ共、』無指儀候間、可御心安候、御隙明』次第、御下向待存候、

御札令拝見候、仍御上』以後、彼御公事儀付、自三山（三好山城守）（康長）』切々釣斎（釣閑斎宗渭）（三好政康）へ被申候処、其方』一途之不預御左右候之条、』三山へ返事、何共釣斎』可有如何由にて、自吸江斎（養真）、』我等・貴僧迄、加様之段』可申入旨、細々被申候、定吸江』於其方可為御物語候者、御』分別候て、急度可被仰儀事、』可然

此度公事三好政康に任すことを勧む

存候、憚成申事候へ共、『莵角時儀候条、此度儀ハ』何与成共、釣斎へ御
任可然』存候、尚於様躰者、藪泉(宗泉)』可被申候間、不能巨細候、恐々』謹言、
(永禄十年)
卯月十一日　政吉(花押198)
(宝輪院宗秀)
年預御中
御返報

一六一　某宗泉書状　(折紙)(二七・八×四五・八)

(墨引)　藪泉入

(見返切封上書)
「(亮祐)宝厳(院)□御報　宗泉」

三好政康の意見に任せ一旦の無事計る

尚々、無御由(油)断、早々』御下向可然候、御下御延引』候者、内々釣
無曲之由、』被申候、宝輪院(宗秀)へも□内』可申候へ共、同前申度候、
御状令拝見候、仍』一ヶ条之儀付、様躰』被仰越候、即小内・』大若令談
合候処、』此度之儀者、釣斎(釣閑斎宗渭)(三好政康)』被作(策)任旲見、先一旦』御無事可然存候、』左

様に候者、行末』御為可然令存候、』小内・大若よりも、委曲』御報同前
候、能々』寺家へ被仰候て、先々』御無事、尤肝要候、』（○以下見返）次明日御神事者、』
定而可為御事煩候、』然者、交野（河内国交野郡）表へ』各出陣候者、聞定候て、』御下向
奉待候、殊更』吸江斎（養真）も、近日此方へ』下向候者、被成御談合候て、』返
々無事可然旨、』小内よりも被申候、』彼卜竜（卜安玄竜）切々ニ』申儀候、可被成其
心得候、』恐々謹言、
（永禄十年）卯月十一日　宗泉（花押199）

一六二　竹田尚清書状　（折紙）（二六・二×三二・三）

（見返切封上書）
「（墨引）　竹肥
　　　　　　　尚清
とうし（宝厳院）ほう□んゐん（亮祐）（こ）　まいる」

尚々、先度ハ』扇子被懸御』意候、畏入』存候、次ニ』侍従殿』大上
へ、』御言伝申候、』新介殿（松山重治）』未上洛候哉、』御上候ハヽ、同前』申

三好義興・松永久秀不和必定

度存候、』久世辺(山城国乙訓郡)より、』里之儀、』憑申候由、御申候て』可給候、
久不懸御目候、御床』敷存候、仍上□(洛)様』御入略之由候、并筑(筑前守)(三好義興)』与松弾(松永弾正少弼)(久秀)之
間、不和之由候、』必定にて候哉、承度候、』次又五郎事如何様』にも御
調候て、安堵』仕候様、御談合奉』憑存候、将又里之』儀、毎事憑入存
候、』又此比可罷上様、』存候へ(○以下見返)ハ、去年之』火广(魔)ニ付而延引』申候、来秋
者必』罷上候て、可申入候、』恐々謹言、
(永禄六年)卯月十二日　　尚清(竹田)(花押200)

一六三　西南院賢長書状　(二紙)(二八・八×八七・六)

(礼紙切封上書)
「(墨引)
観智院殿(宗海)　　賢長」

安富(宝城)請文事、』先日以木下(遅快)令進』候了、大都庄(備中国哲多郡新見庄)無子細歟、』御状之遅々不
可然候、』随御返事、忩可沙汰由』可申付候、如何、未進以下』をも定早

々可沙汰候、』近々一介落居可』然之由存候、忩劇』子細御返事』省略
候、委如何』今日中可成候也、』恐々謹言、
(応永二十七年)
卯月廿日　(西南院)「賢長」(自署201)

一六四　大石重親等連署書状

(折紙)(二五・〇×四三・四)

御折帋拝見申候、仍而』乙千代丸・藤千代丸』存知候、年貢米在』之由承
候、両三人』之儀者、出入之事、』一向不存候、殊ニ御』引替も在之由、被
仰候、』定而仁躰可在之候間、』被成御越を、御催促』可有候、如在申間
敷候、』小法師丸も路(疎)意被』申間敷候、恐々謹言、

卯月廿一日　大石修理亮
重親(花押202)
大石弾正左衛門尉
重信(花押203)
大石金右衛門尉
重経(花押204)

藤岡石見守殿(直綱)

（高続）
中村美濃守殿
御報

未進年貢定使注進す

一六五　大和国平野殿庄雑掌朗遍書状　（三四・〇×五四・八）

（大和国平群郡）
平野殿去年々貢進未』間事、相尋定使候之処、』如此注進候、注文進上之』候、於抑留之子細者、以外』事候之間、雖令尋沙汰』候、未事行候、随落居』可申入之由相存候、以此等之』趣、可令披露給候、恐々』謹言、

四月廿三日　「朗遍」（自署205）

一六六　藤岡直綱書状　（折紙）（二三・九×四〇・八）

（見返切封上書）
「　（墨引）
（藤岡石見守）
藤石
（亮祐）
宝厳院まいる御同宿中　直綱」

猶々此返事ニ具ニ』蒙仰、永源へ其』趣可申聞候、此外不申入候、

下京地子銭上洛催促し返弁を約す

態、令啓候、仍』日野殿与永原』源介方被申談、』算用之事、昨日』相究候、就其、彼』方へ渡申料足、』日限於指たる事ニ』候之条、急度渡』申度候、乍御無』心、執行房（少納言栄清）へ千』疋御口入候て、被下』候ハ、祝着可□（申）候、』下京地子銭』○以下見返我々罷上候て、急度』致催促、やかて』返弁可申候、利并（平）』相加可参候間、』被成其御意得、』預御調候者、可』畏入候、恐々謹言、

四月廿六日　直綱（藤岡）（花押206）

（二紙）（二九・七×八四・七）

一六七　執行栄済書状

大豆田

（礼紙切封上書）
「（墨引）
御坊中　栄済」

作人如此令歎』申候之間、如此申候、

以事次、入見』参候之条、悦存候、』抑大豆田事、』先日承候以御縁、』無相違之由承候し、』其後預所之』状を可被召由承候、』奉待候之処、無其

儀候、』無心本存候、若難儀』事候者、御返事承、』其旨令存候、相構〳〵』
早々可承候、恐々謹言、
卯月廿六日　「栄済」(兵部卿)(自署207)
人々御中

三好長慶藤岡直綱をして年貢・諸成物を催促せしめ皆済させんことを命ず

一六八　藤岡直綱書状　(折紙)(二七・六×四四・六)

東寺領去三』ヶ年之間、御年』貢・諸成物致』催促、令皆済、』可罷下由、
筑劦(筑前守)』被仰付候間、去』二月始罷上、于今』逗留仕候処ニ、無皆』済衆在
之之由、(三好長慶)』自寺家被仰候、』言語道断不可然候、』然者、急用之子細候て』
○以下見返
先々今日罷下候間、』早々各御皆済肝』要候、若猶無御』弁沙汰者、定
而』筑劦へ申入、催促』人数可被差上候、』不可有御油断候、』恐々謹言、
(弘治三年)四月廿九日　藤岡石見守　直綱(花押208)
東寺領所々散在

寺内陣取せしか未定

名主百姓御中

一六九　円秀祐富書状　（折紙）（二三・七×四一・五）

（見返切封上書）
「（墨引）
きゃう□ん房　　ゑんしゅう（円秀）
ゆう□□く房　　祐富」

此間者、便宜』候ハす候間、不申入候、』六条よりも、昨日』音信候つる、』こふ（昆布）八そく（束）計にて』音信候、久秀（松永）御上洛』付而、定而御下』候ハんと令存候処、』無其儀候、其方』御取乱と奉察候、』来九日、御手遣』必定候、就其、御』陣取之事、御』寺内も可成候歟、』いまた相定候事ハ』不存候、吉祥院（山城国紀伊郡）』本陣なとハ沙汰候、』何も所々陣取者、』○以下見返可在之由候間、何も』可然之様、御談合』候て、可然候、けさは』石税（石成主税助）（友通）罷上られ候つる、』兵庫表（摂津国八部郡）ニふせり（伏）候て』不存候、国衆

こと』〳〵く立被申候間、』以外之人数たるへく候、』いそき候間、一
筆』令申候、恐々謹言、
(永禄元年)五月六日　祐富(円秀)(花押209)

一七〇　藤岡直綱書状

(折紙)(二四・五×四〇・二)

猶々、明日御一人御下』向可然候、早々より』御下候て、日もと(戻)
り』させられ候て、可然候、』明後日、』必定上洛候、』将又、宝
厳へ申候、』女衆諸事ニ付而、御懇ニ』蒙仰畏入候、』弥父子共ニ堅
固候、』可御心安候、今一ケ条事、』未不申候、心へ申候、』急候
間、此外不申入候、

預御折帋、令』拝見候、仍敵』相働之由、其沙』汰候て、御気遣』段、尤ニ
候、然者、』今朝態以書状』申候、明後日九日此』方衆、各其元へ』陣取候、
懇ニ示』進候、就其、』御寺之儀ハ陣』所ニなり不申候』間、(○以下見返)可御心安候、』

東寺陣所とならず

明日御一人、』乍御大儀御下』向候て、御礼被仰』候て、可然候、左様ニ
候へハ、』弥落着候、万一』談合かハリ（変）候てハ、』いか丶（如何）にて候間、申事
候、』恐々謹言、
午刻
（永禄五年）五月七日　　藤石（藤岡石見守）
直綱（花押210）
宝厳（亮祐）
観智（栄盛）
まいる御報

一七一　藤岡直綱書状　（折紙）（二四・四×四〇・〇）

猶々、真如堂（山城国愛宕郡）へ遺折』帋候、御無心なから、』自其方御届候て、』
可被下候、奉頼候、』返事候者、』其方ニ』御置候て、便宜ニ可給
候、』われ〳〵ハ出陣不仕候、』斎越（斎藤越前守）（基速）も中村（高続）も無』出陣候、孫右
衛門ハ馳上て、』三向（三好日向守）と一所候へく候、』御用之儀候者、可被仰

三好長慶父子出陣を争う

候、』くれ〳〵御聞ありたく』候ハんと存候て、態、』人を上候
也、此外不申入候、
一態申候、仍明後日九日』各出陣必定候、就』其、御寺之事ハ陣』所ニな
り不申候間、』先以可御心安候、』□八条ハ陣取ニ』成可申と存候、
一久秀(松永)、三日ニ上洛候、是も』明後日出陣衆にて候、』陣所ハ吉祥院(山城国紀伊郡)に
て候、
一三好日向守(長逸)方も出陣候、』陣所ハ上鳥羽(山城国紀伊郡)か』久世(山城国乙訓郡)かのよし候、
一長慶(三好長慶・義興)ハ父子出陣の』○以下見返あらそい候間、無本(心脱カ)候、』大将陣ハ大略久』世に
て候へく候、
一泉乗(正)寺・梅か小路・』西庄・御所ノ内辺ハ』皆々丹波衆陣取候、
一東西九条(山城国紀伊郡)ハ松山(重治)、』其外陣所にて候、
一上ハ四条の道場より、』下、鳥羽・たうのもり(塔森)(山城国紀伊郡)・』竹田(山城国紀伊郡)、其外悉』方々衆
陣取にて候、

恐々謹言、

(永禄元年)五月七日　(藤岡石見守)藤石　直綱(花押211)

(亮祐)宝厳

(栄盛)観智

まいる御同宿中

松永久秀の精入により寺内陣取廻避

一七二　中村高続書状

(折紙)(二四・二×四二・一)

大越之物御もち』候て、御出憑』入申候、此外』不申候、』九てう(条)の内ニ』二けん(軒)はかり、よく』候ハんちんや(陣屋)を』御とり(取)候て、ふた(札)を』御うたせ候て、』御をき候へく候、』憑入申候、

今日、以折氏(紙)』申入候キ、其方之』儀、松弾(松永弾正忠久秀)一段と』せい(精)ニ被入申候て、御』陣取ニも成申』さす候、来九日ニ』罷上候、御出候て』御れい(礼)御申候て』可然存候、恐々謹言、

五月七日《永禄元年》　中美《中村美濃守》　高続（花押212）

宝厳《亮祐》

観智《栄盛》まいる御返報

一七三　中村高続書状　（折紙）（二四・二×四二・一）

返々御出候へく候、』先度物御もち』候て』御出』憑入申候、

態一筆入申候、』仍来九日ニ罷』上候、さりなから』其方之儀、松弾《松永弾正忠》《久秀》』取合申候て、御』ちん《陣》ニハなり不申候、』御両人ニ一人御出』候て、御礼御申候て』可然存候、恐々』謹言、

五月八日《永禄元年》　中美《中村美濃守》　高続（花押213）

観智院《栄盛》

宝厳院(亮祐)へ御両人へまいる

一七四　安井宗運書状　(折紙)(二六・三×四三・〇)

(見返切封上書)

「(墨引)

観□院(智)(栄盛)　　自

宝□院(厳)(亮祐)まいる御同宿中　　宗運」

爰元ニ在之』散在分、未御無(ママ)』案内ニ付而ハ、所務』不被仰付之由候、従』此方、在所引付』可申候、早々御寺納』肝要たるへく候、』此旨松弾(松永弾正忠)(久秀)へも申候へハ、』尤可然之由被申候、急度』御上使を可被越』置候、将亦音羽之』月成之儀も百姓』○以下見返難渋之由候、是又』可申遣候、片時も』急度御所務』専用候、僧宝公へも』宜預御心得候、憑』存候、尚委細松対(松田対馬守)(盛秀)』より可被申入候条、』此外不申候、恐々謹言、

五月八日　宗運（安井）（花押214）

一七五　後宇多上皇院宣　（三三・七×五三・四）

拝師庄人夫用途の催促停止を命ず　奉行忘却

（端裏書）
「院宣拝志庄課役御免事」

拝志庄（山城国紀伊郡）役人夫』用途事、伺候之処、』自元不可相催候之由、』被仰下候了、奉行』若忘却候歟之由、』被仰下候也、謹言、

五月十三日　（中御門経宣）（草名215）

一七六　某奉書　（折紙）（三〇・五×四六・四）

以上

御経之本之掎』被仰下之処、真』言宗之事、』書抜被遣候、』此秘文被遊』候て、御進上可在』之由、御意候、』恐惶謹言、

相国寺材木車

五月十六日　□□□（花押216）

東寺

年預御中

一七七　室町幕府奉行人飯尾為清書状

（折紙）（三一・一×四八・八）

（端裏書）
「飯尾左衛門大夫相国寺材木車事」

相国寺材木車』事、申都聞候処、『寺家材木にハ、こく（刻印）』いを打て候、其外ハ』寺家とかうし（号）候とも、』不可有御通之由、被』申候、可得御意候、』

恐々謹言、

（至徳三年）
五月十八日　（飯尾）為清（花押217）

東寺進之候

○端裏書は折紙を開いて書く。

一七八　沢蔵軒宗益赤沢朝経書状

（折紙）（二八・五×四六・四）

東寺与遍照心院』相論境目事、不及』御糺明、一方向被』申請御下知候、覚悟之』外候、年貢以下事、若』為遍照心院、雖有』催促之儀、不可有其』沙汰候、御公事有落』居者、重而可成触候、』恐々謹言、

(明応六年)五月廿七日　沢蔵軒　宗益(花押218)(赤沢朝経)

名主百姓中

一七九　足助意盛書状　(折紙)(二五・七×四一・九)

(見返切封上書)「竹□□まいる　足八」

甚五郎御折帋を』被遣と申上候□(処)』にて候、

預御懇札候、委細拝』見申候、御状之趣、具』披露申候処ニ、御心底』之段、無是非之由、被』仰候、従甚次郎殿(柳本)御』折帋にて被仰候、弥無』御由(油)断、御忠節』肝要候、将又御進退』之事も甚五郎(三好政長)無』御等閑候、於牧辺(摂津国豊)一

牧辺において一所仰せ合す

西岡において利倉新三郎生害

（島郡）所』をも可被仰合之由候、』於拙者、弥不可有如』在候、急度申調』可令
持参候、此間者』御うと〳〵（疎疎）敷候、朝暮』御床敷存候、此方之』徒然を可
有御推量候、』○以下見返時分柄之事之条、』むきのこ（麦）（粉）成とも御』芳志所仰候、委
敷』申度候へ共、急便候間』不能巨細候、恐々謹言、
（享禄四年）五月廿八日　足助八郎二郎　意盛（花押219）
（尚清）竹田肥前守殿
御宿所

一八〇　柳本甚次郎書状　（切紙）（一三・一×三四・六）

「（端裏切封）（墨引）」
（去）□廿五日於西岡、利倉』（山城国葛野郡・乙訓郡）新三郎（マヽ）被生害由候、』御忠節至極候、堺』（摂津国住吉郡・和泉国大鳥郡）へも注
進可申候、弥』御心底肝要候、委細』修理亮方可被申候、』恐々謹言、
五月廿九日　（柳本）甚次郎（花押220）

竹田肥前守殿(尚清)
御陣所

大炊教仏重申状

一八一　東寺長者尊勝院定助御教書　（三三・七×五四・六）

(丹波国多紀郡)大山庄役仏聖付物并』兵士役事、大炊教仏』重申状如此、子細見状候歟、』所申非無其謂歟、忩可致』其沙汰之由、可令下知給之旨、』所候也、仍執達如件、

(正和元年)五月廿九日　権少僧都「(皆明院)勝瑜」(自署221)

謹上　(定厳)宮内卿法印御房

一八二　真光院禅海書状　（二紙）（二七・三×八六・七）

(礼紙切封上書)
「　　(墨引)

年預御房　　禅海」

修法伴僧

尚々、暑気之時分、各』雖可為御苦身候、於参候者、』可被悦思召候、

御修法之儀、被仰出候、就其、』伴僧其方之衆上六人、』無相違可有参懃(勤)之由、被仰出候、』定日者、未相定候之間、重而』可申候、仍雖軽微候、両種・壱荷』被遣候、猶御使可被申候、恐々』謹言、

五月廿九日　禅海(真光院)(花押222)

年預御房

入洛せし石清水八幡宮神輿講堂に遷座

一八三　三宝院光助書状　(二紙)(三一・〇×九七・八)

(礼紙切封上書)
「宝厳院
少納□(言)僧都御房　(墨引)　(異筆)「三宝院」光助」

神輿金堂へ可被』移申候事、今日之由』承候、相構、早々可有其』沙汰候、若風渡御社』参なとの事もやと存候て、』きと令申候、猶々早々』可

被移申候、恐々謹言、

（至徳元年）
五月卅日　「光助」（三宝院）（自署223）

（宏寿）
少納言僧都御房

利倉・恋川寒川家光被官

一八四　寒川家光書状　（折紙）（二六・〇×三七・八）

就今度喧嘩之儀、預御折紙候、『□利倉并恋川（清景）両人当方』御被官人之事候、於京都、色々『及御沙汰候、然者、先時宜ミつ（見計）』くのわれ候て、御成敗可然候、定而』近日一途可有落居候、恐々』謹言、

（永正十三年）
六月二日　寒川修理亮
家光（花押224）

（下野浄成）
公文所御房
御報

一八五　松田英致・斎藤基雄連署書状　（一紙）（二五・五×八六・一）

合力

（礼紙切封上書）
「（墨引）　斎藤美濃守
　　　　　　松田対馬守
東寺雑掌御房進之候　　英致」

西九条事、自大内左京兆（義興）』被入置候使者、悉引候哉、』上意へハ、去晦日可引之由、』御返事被申入候、只今此』御返事委細可承候、未引候』哉、慥可承候、恐々謹言、

（永正十一年）六月二日　　（松田）英致（花押225）
　　　　　　　　　　　　（斎藤）基雄（花押226）

東寺雑掌進之候

一八六　石井数安書状　（折紙）（二五・六×四三・四）

急度申候、俄及取』合子細候、早々預御』合力候者、可為畏悦候、』奉馮

候、兼日よりも』不申、無御心元候へとも、』俄儀候間、如此候、恐々』謹言、

六月二日　河内守　数安（石井）（花押227）

（駿河聡快）公文所御房

公用銭未進の委細十竹軒より申せしむ

一八七　大和国河原城庄代官豊田澄英書状　（切紙）（一六・四×四三・〇）

（端裏切封）「（墨引）」

先度尊札示給候、』殊ニ扇見事候贈給候、』喜悦無許候、其後、』相楽藤（山城国相楽郡）井殿参会候処、』御うはさ（噂）被申候、久』御歓楽之由候、無御心元』存候、雖然、早々御本腹（復）』目出候、於于身祝着候、』猶以御養性（生）肝要候、』兼又御公用未進』分之儀、委細自十竹軒』可被申候、早秋中ニ』必々可致沙汰候、其分御』心得憑存候、恐々謹言、

（永正十年）六月三日　（豊田）澄英（花押228）

信(心)用上人
御返報

(折紙)(二七・五×四四・七)

一八八　大森兼継書状

尚々、人夫之儀、明日』早朝奉待候、誠御事』繁御座候ハんする
ニ、』先度も御精入申候、其分』瓦左まて懇申下候、』定而御礼可
被申入候、』迚之儀ニ、いかにも〳〵』早々罷越候やうニ、』被仰
付候て、被下候者、』可為祝着候、四十帖之分』下申候間、人夫二
人可被仰付候、』左様候へ者、百帖之分』相済申候、先日之』御折
帋も其分候、』此外不申入候、』尚々、明日早々と』申候ても、人
夫なとハ』○以下見返由(油)断をいたす』ものにて御座候間、夕さり』より二人
被仰付候て可給候、』したため之儀者、此方にて』可申付候間、
可被成其御』心得候、かならす〳〵』夕さりとまりかけ(泊掛)ニ』奉待
候、此外不申入候、

松永久秀の畳面百帖

態以折帋申入候、『仍先度従瓦左（瓦林左馬允秀重）、』以折紙被申入候つる、『霜台様（松永久秀）畳面都『合百帖之内、先日』六十帖下申候、相残』四拾帖之分、明日七日』下可申候間、人夫之儀』被仰付候て可給候、然者、『従早朝下可申候間、』人夫之儀、いかにも〳〵』とく（疾）被仰付候て、上京』にて夜の明申候ほとニ、『（○以下見返）被入御精、被仰付候て』給候者、可為祝着候、『御馳走兼多門（聞）へも』申越候、荷をハ一段と』かろく（軽）持可申候へ共、』其内にてもすくやか（健）』成者、可被下候、大事之』面之儀候者、如此申入、』奉待候、恐惶謹言、

（永禄四年）六月六日　　大森新九郎　兼継（花押229）

（亮祐）宝厳院

参　御同宿中

一八九　日向浄康書状　（折紙）（二七・二×四一・〇）

先日之程、御歓洛（楽）』候て、御延引之段、』見それ申候、以上、

先度者御両所』御出、本望之至候、仍』彼状之事、聽而可』持給之由、申合候処、』于今如此之段、相逺』如何在之事候哉、』縦利并(平)等之事、来』秋御算用候共、』可申談旨之儀候而、』只今御調進可給候、』但御内存候者、不及』是非候、相替儀無之者』○以下見返今明朝ニ待申候、尚』此者可申候、恐々謹言、

六月十二日　日向(浄康)(花押230)

浄源(宗祐)

祐林(琳)

御両所御中

一九〇　雅斎書状

(二紙)(二六・三×八七・四)

(礼紙切封上書)

「(墨引)

宝泉院　雅斎」

競馬

海住山民部卿入道十番作法

昨日、如此、以女房奉書、』従両伝（勧修寺尚顕・広橋守光）　奏、九条（政基）殿へ、』可被申入之由　勅
定候、』今日、家門へ可申入之由候間、』為御意得、案文進之候、』東福寺（山城国紀伊郡）
御返事候者、』自是可申候、恐々謹言、
六月十五日（永正十一年）　「雅斎」（自署231）

一九一　藤原惟顕書状

（二紙）（二八・五×八四・〇）

（礼紙端書）「兵部大輔進内々御文」
（礼紙切封上書）「右さへもん□（と）のへ　（花押）」
きのふ（昨日）、なに事も申』うけ（承）給て候しこそ、ほいに（本意）』おほへ（覚）候へ、けい馬（競）の
事、なお』むかし（昔）のよし（誼）ミもおもひ（思）入』られ候ける、返々やさしく』覚
候、かいちうせん（海住山）の民部卿（藤原長房）』入道十番のさほう（作法）、あはた』くち（粟田口）の入道ニ
たつね（尋）て、さま〳〵（様々）』かき（書）て候し、日記ハよミ（読）てきかせ（聞）』まいらせ（進）候

き、なおのこし（残）』たることも候て、それハこのた（今度）』ひのけ□んニし候て
申候ハめ、』さて九条の田事ハ、さうハ』ひしく＼と御さた（沙汰）候へく候、
よ』ろつ□候了、あなかしこ、
六月廿日　（藤原惟顕）（花押232）

寺内陣取を除く

一九二　大原高保書状

（切紙）（封紙）（二四・三×一一・〇）
（本紙）（一五・六×四七・五）

（封紙上書）
「宝菩提院御返報　　中務大輔
　　　　　　　　　　高保」
（端裏切封）
「（墨引）」

御寺内之儀、自先々陣取』被相除之由候、令存知候、』不可有疎意候、委
細』猶安養寺孫次郎』可申候、恐々謹言、
（天文三年）六月廿一日　　（大原）高保（花押233）
（亮恵）宝菩提院御返報

真桑瓜

山門金台坊領

一九三　文殊院某書状　（折紙）（三一・四×四八・二）

従御惣寺、為』御音信、真桑』瓜壱籠被懸』御意候、思召寄』忝存候、可然
之様、』各ヘ御意得所仰候、』恐惶謹言、
六月廿一日　文殊院 □□（花押234）
東寺
年預御房
人々御中
御報

一九四　石井数安書状　（折紙）（二七・二×四五・〇）

昨日預御折紙候、』罷出砌候間、御返事』不令申候、恐入候、金台坊』本
役銭事、則』御使ニ相副人、堅申』付候、六百六十五文慥』渡進候き、于
今延引、』且無御心元候、随而』壱貫文事、御不審』之由承候事、正月十六
日』御使了蔵ニ慥渡進』候つる、且納之儀候間、』御請取之事者、皆済之』

皆済分例式請取

時申候て可書之由、』了蔵方被申候つる、』其時分事者、御取乱』之儀候
間、定御帳面』など（○以下見返）御失念にて、不被付』置候哉、察存候、雖然、』無相違
儀候、皆済分』如例式御請取給候者、』目出度候、昨日之』且御請取返進
申候、』此本役事、為職之内、』毎年致執沙汰候、当』時美作守（石井秀安）作候間、』
毎度堅申付、執』進之事候、先度』御使之時も委細者申候了、』連々失本
意存候、』旁御礼等可参申候、』巨細猶此□、可申入候、』恐々謹言、

（延徳二年）六月廿二日　石井河内守　数安（花押235）

（祐信）乗南御房　御返報

宝荘厳院用水

一九五　粟田宮俗別当兼継書状　（三一・〇×四九・七）

（端裏書）「兼継宿禰　　宝荘厳院用水事」

宝荘厳院用水事、』粟田宮司等重申状（副具書、）』謹進上之候、子細見状候
歟、』早可停止水便之由、預

勅裁候様、可有申御沙汰候哉、』恐惶謹言、

（文和三年）六月廿五日　前下総守「兼継」（自署236）

進上　（坊城俊冬）頭弁殿

建仁寺大統院本役
浄忠自作分

一九六　四手井家保書状

（折紙）（二五・二×四一・二）

尚々、為我等可』申之由、久秀被申候上者、』如此之儀候、浄忠』私之知行分候者、』御寺家之御存分、』尤候へ共、此儀者、』御寺知行分之内より』被仰付候上者、』御済候て、可然存候、』此外不申候、

就（山城国愛宕郡）建仁寺』大統庵（院）江本』役之儀、以折帋』令申候処、彼五』段田浄忠自作』分之由承候、建』仁寺へ尋申候へハ、一向』覚悟之外成由候、』其子細者、御寺』知行分之内より』出申、浄忠当座之』曖被申上者、従（三好長慶）』筑前押付申、其』○以下見返已後之儀者、厳（密）』察御済候て、可然』存候、定使かってん（合点）之』

由承候、其旨相尋』申候ヘハ、被及覚語（悟）由』申候、去年分可』有御納と候を、于今』無其儀之上者、かつ』てん不申儀者、一定』存候、乍御大儀、押』以後之儀者、被出置』候ハ、、尤存候、久秀（松永）へ』調申候ヘハ、我等より』可申由候条、如此令』申候、恐々謹言、

（永禄元年）閏六月十八日　四手井左衛門尉　家保（花押237）

東寺（宝厳院祐重）年預御房　御中

一九七　東寺長者尊勝院定助御教書　（三四・四×五五・三）

二問二答本解

大炊（教仏）申、仏聖付物』并兵士役事、以二問』二答、可有其沙汰候、忩』可令進本解給之由、所』候也、恐々謹言、

（正和元年）七月七日　権少僧都「勝瑜」（皆明院）（自署238）

謹上　宮内卿法印御房（定厳）

柳原地子銭催促

代物悪銭

一九八　今村政次書状

（折紙）（二六・三×四二・四）

御懇之預御折帋候、』委曲令拝見候、仍』地子銭御催促之儀承、』各迷惑
仕候、無由(油)断』百姓中雖申付候、』時分柄代物相調』不成儀候条、先有』
儘進上申候、只今』儀、調法成難由申候、』来廿日比ニ御使可給候、』一
季分申付可参候、』去年分も両度ニ』参貫文参候、請取』御座候条、重而
可致』算用候、松弾(松永弾正忠久秀)御』催促迄も不及儀候、』馳走候間、御侘(詫)言』申儀候、○以下見返
殊紀伊守(今村慶満)』使者被相副候之間、』聊以不致如在候、可然』様御馳走頼入
存候、』今日も可有手遣』由、被相触候へ共、相延候、』明日者、自早朝
相』出可被申候、我等も』悉罷出候条、来廿日』迄御遠慮奉頼候、』将亦
代物悪銭由承候、』無余儀存候、重而者、』堅可申付候、諸事』御取合頼
入存候、何も』以面、尋可申入候、恐々』謹言、

恋川久弘屋
敷

（天文十八年）今村重介
七月十三日　政次（花押239）
榎木肥前（浄仙）殿
御返報

一九九　利倉安俊書状

（折紙）（二五・六×四二・二）

返々、被申候事多候へ共、』菟角、于今一銭も、』彼方へハ不成候、以後も』成不可候、則近日ニ』寺納可申候、可然様御』披露、所仰候、

就恋河藤五郎（久弘）方』屋敷之儀、去年より』判門田新左衛門（定延）方色々』之儀被申候、既旧冬者』竹木を切取、言語』道断儀候へとも勘』忍仕候、彼方へ者地』子之儀、成不申候、必々』近日御地子之納所』申候て、此間延引儀、』御礼可申候、度々和田』左衛門（光長）五郎方御意通』御伝達候、承候儀無』余儀候、可然様御』（○以下見返）披露、所仰候、恐々謹言、

（永正十四年）
八月廿日　　利倉孫五郎
　　　　　　　安俊（花押240）

（聡快）
公文所法眼
　　　御宿所

二〇〇　吸江斎養真書状　（折紙）（二四・一×三八・九）

（見返切封上書）
「（墨引）
（栄盛）
観智院人々御中　まいる
　　　　　　　　吸江斎
　　　　　　　　　養真」

相残鳥目、拙者』符を付候て参候、』御飛脚路銭ニ』借用十疋遣
候、』於其方可有御算用候、』御符両度書状ニ』副候て参候、
尊書拝見仕候、仍』制札銭之儀、色々』撰被申候へ共、種々致』馳走相渡
申候間、』可御心易候、就其』寄宿事、不可有』吴儀（議）由候、雖然』惣次停止
候間、非』御等閑之由候、為其真越（真壁越前守）』以書状被申候、牛神』書状之儀者、
不入』事ニ候由候、真越事ハ』書出候間、参候由候、』兼又真越方へ』御

無量寿院尭雅長者の時別当拝堂銭

扇相届申候、』(○以下見返)委曲御報被申入候、』可然様御寺中へも』御演説奉頼
候、』恐惶謹言、
八月廿一日　養真(吸江斎)(花押241)

二〇一　密教院俊典書状　(折紙)(二九・六×四六・三)

尚々、不私儀ニ』候之処、相互ニ相』紛候へハ、後々まて』時之未
練ニ罷成候間、』御芽(穿)鑿候て可給候、』此般之出入、執行へ』御尋
尤候、以上、
態申入候、先年』松橋殿(無量寿院尭雅)御拝堂』之時、別当(俊典)拝堂』銭、其時之御年預へ』
相渡申候、則御長者』より別当へ御配当』在之分、於執行(栄清)手』前、立用申
候、其已』後可被返付之由』申候処、其外別当より』下行物在之様ニ』
(○以下見返)承候条、遠慮申候、』然者、今度三宝院殿(義演)』御拝当(堂)ニ付而、当別』当御手
前、其出入』無之相済候上者、先』年相渡し申候分、』急度被返付候様

ニ、』御披露奉頼候、猶』此使者可申入候、恐々』謹言、
(文禄三年)八月廿一日　　密教院　俊典(花押242)
東寺(実相寺亮秀)年預御房
御同宿中

二〇二　藤岡直綱書状　(折紙)(二四・三×四〇・七)

猶々、若そめ物不』来候者、御むつかし』なから田原方へ、此文』御もたせて、被遣候て』可給候、又申候、』先日上申候』ちやそめ、はや御』あつらへ(誂)候や、承度候、』御いそき候て可給候、』返々御両人まて無』御下候共、御一人御下』あるへく候哉、将又』世上雑説共申候、そこもとハ』いか丶候や、いつれも御油断なく、』内ニ物共なとハ御置ましく候、』不可有御油断候、何時も』京表へ欲罷出候者、』不移時日、則筑前(筑前守)(三好長慶)』自身罷上、可及一戦

堺下向を勧む

之由』（○以下見返）義（議）定之間、於時宜者』可御心安候、猶以面拝』可申承候間、閣筆候、』又申候、僧正様（宝菩提院亮恵）へも以書状』可申入候へ共、以外取乱候間、』無其儀候、乍恐御意得』候て、御申所仰候、又申候、』かな（金）物出来候や、是又』御もたせて、御下候て御打候て』可給候、奉頼候〳〵、

態使者差上申候、』仍松山新介（重治）方より』二三日以前ニ彼間』儀、御糺明ニ可出旨』被申候間、東寺へ』可申上之由、返事』仕候、昨日廿一可罷』出之由、被申（○書き直）「候へ共」、来』廿六日ならてハ成』申ましき由、我々』申候キ、廿五日ニ必々』御下可然候、為其』態人を進之候、』（○以下見返）就中大嶋かた（吉定）（方）』より宗運（安井）へ催促』仕候哉、いか丶候や、是又』無御油断被仰』可給候、延引候者、』大嶋可及迷惑ニ』様躰共候、兼又』田原かたよりあほの（青）』そめ（染）物、其方へ参候哉、』然者御下時、御もたせ』候て可給候、奉頼候、』恐々謹言、

(弘治三年)八月廿二日　藤石(藤岡石見守)直綱(花押243)

(祐重)宝厳

(栄盛)観智

参御同宿中

二〇三　備中国新見庄三職注進状　(二紙)(二七・六×八八・五)

(礼紙切封)「(墨引)」

なを〳〵、愚状之躰、』御免あるへく候、

代官下向

畏申上候、

抑御代官(祐清)御下向候事、返々』御目出候、仍仰下され候条々、』御百姓等ニ申付候へハ、此間ニ談合』至(致)、重御返事可申上由申候、なを〳〵』かたく申付候て、今度住(注)進可申』上候、随而今度　公方様(足利義政)御申候由』承候、千万御目出候、殊ニ御大儀奉』察候、就其候てハ、御成為御祝言、』一結

公方御成の祝言進上

進上仕候、ほう(乏)少之至、中々』はゝかり(憚)入存候、色々子細八、』今度住(注)進
可申上候、此旨以可』有御披露候、恐惶謹言、
(寛正三年)八月廿六日
(宮田)家高(花押244)
(福本)盛吉(花押245)
(金子)衡氏(花押246)
東寺
(駿河浄聡)御公文所殿

○封紙は「ナ函」四七号文書。

拝師庄田地違乱に対し厳密の奉書をなさる

二〇四　山城国拝師庄下司石井数安書状　(折紙)(二八・〇×四六・七)

自是可申由存候処、』預御状候、さても今度』分一之儀、被指置候、』御
一寺之御大慶、返々』目出存候、何様為一段』御礼共可参申候、兼又』(山城国)拝師
(紀伊郡)庄中井両人(孫太郎・与二)』田地事、此間無御心元』存候処、御奉書厳』重ニ被成候、是

浄住寺免田

又珍重候、』聴可付遣候、点札之』事、何も心得存候、如仰』下、百姓請付
申候者、』不及是非候、何様其』(○以下見返)子細御使相共ニ可加』下知候、将又、浄住(山城国)
寺(葛野郡)』御免田弐反事、同』可加点札由承候、「条」(○書き直)々』心得申候、只今代官』
今朝より暇を乞候て、』私ニ罷出候、以前之儀』共、相尋心得候間、可』
申付候、委細者両「定」(○使に重ね書)使』方へ申候、恐々謹言、
(文明十年)八月廿八日　石井左近将監　数安(花押247)
(乗観祐成)中殿御報

二〇五　藤岡直綱書状　(折紙)(二四・二×四〇・四)

(見返切封上書)
「(墨引)　(藤岡石見守)藤石　直綱」
(祐重)宝厳参御同宿中

何も無御油断』御気遣専用候、』何時も長慶(三好)自身、』不移時日可

罷上之由、』義(議)定候、可』被成其意候、』今度の大風ニ御寺家中』殊ニ貴坊以外破損之由』承候、無御心元候、』何方も同前ニ候、』御取乱奉察候、』又申候、宗運(安井)よりの』料足事、大嶋(吉定)』迷惑かりし由承候、』尤ニ候、然共切々無油断』催促仕候ハてハ、いかゝニ存候、』又申候、しやうかきハ何とて』延引仕候哉、御等閑』あるましく候へ共、奉頼候、』又申候、下京へ便宜ニ』此状ニツ田原殿へ』御やり候て、可被下候、奉頼候、』此外不申入候、

御懇報本望』至候、

一田原かた(方)よりそめ(染)』物、御取寄て、態もたせ(持)』被下候上、慥ニ請』取申候、時分柄、御』人つかい有間敷候ニ、』御懇至畏入候、就其、』百疋田原方へ、先日』そめ物の代物遣候哉、』其内弐百文悪銭』之由、そめ物屋より』返事仕候、その悪』銭ハ其方へ田原かた』より被参候哉、その』かへ(替)被遣候哉、承度候、

慈尊院定昭
寺務宣下

一はた(機)の道具、是又』慥ニうけとり申候、』○以下見返御むつかしき儀共、不及』是非候、祝着申候、
一ゆ(柚)并かき(柿)給候、内儀』より、能々御礼可申』入之由申候、
一執行(少納言栄清)より御茶給候、』御懇至一段祝着申候、』只今以書状、御礼等可』申入候へ共、事外取』乱候間、重而可令申候、』能々御礼被仰候て、可給候、
一世上雑説、近日とり』しきり之由承候、爰元も』その分ニ候、雖然、第一』江刕衆ハ罷立ましく候』条、指たる事ハ有間敷候』哉、恐々謹言、
九月四日(弘治三年)　直綱(藤岡)(花押248)

二〇六　凡僧別当観智院宗杲書状

(二八・一×四六・六)

勧修寺慈尊院僧正(定昭)』一長者　宣下候、』為寺家御存知令』申候也、恐々

杉興重愛宕郡代となる

謹言、

（寛正六年）九月五日　　法印「宗杲」（観智院）（自署249）

謹上　年預法印御房（光明院尭忠）

○封紙は「リ函」一九〇号文書。

二〇七　山城国愛宕郡代杉興重折紙案　（折紙）（二五・七×四一・〇）

（山城国）愛宕郡々代職事、『興（杉）重可致執沙汰之』由候、然者権門勢家』御領并不
謂守護』不入之地、可告知申通、』就下知至在々所々、』差遣（使）境節候、仍』
当所之事、縦「雖」（○書き直ヒ）去年雖有遵行、』先証等、来十五日』以前、重而調給』
可致拝見候、若遅々』候者、当所務之事』可支申候、恐々謹言、

（○以下見返）
（永正五年）九月十一日　　杉兵庫助　興重

徳政と号し違乱

松永久秀上使

二〇八　松永久秀奉行人喜多重政・瓦林秀重連署書状

（折紙）（二七・〇×四二・六）

湯那九郎兵衛田』地、吉田与三郎方へ』令沽却、号徳政、』違乱之由之
条、従』久秀（松永）被差越上使、』当毛被刈取候処、』重而麦を作候由、』言語道
断之次第候、』急度為御寺家被仰付』吉田与三郎ニ、可被相渡由候、』
恐々謹言、

（永禄五年）九月十四日　喜多土佐守
　　　　　　　　　　重政（花押250）
　　　　　　　　瓦林左馬允
　　　　　　　　　　秀重（花押251）

（観智院栄盛）東寺年預御中

二〇九　太田保定奉書

（折紙）（二五・一×四三・一）

東寺領拝師庄（山城国紀伊郡）之内』田地壱段事、混石井』山城守（在利）跡職之内処、』当寺領
之由被申分』旨、則得　御意候処、』於東寺領者、不可有』相違由、所被

山門金台坊
領作人

仰出也、』所詮、如先々可有御』知行者也、恐々謹言、

(大永二年)
九月廿八日　太田対馬守
保定(花押252)

東寺雑掌

二一〇　某書状

(折紙)(二七・〇×四二・七)

従御寺中、』樽代銀子拾文目』被下候、時分柄、別而』忝儀候、弥可』然様ニ御披露』所仰候、恐々謹言、

初冬朔　□□斎
□□(花押253)

東寺
河内公参
床下

二一一　石井豊安書状

(折紙)(二七・七×四五・六)

金台坊下地作人』相尋候処、竹田』宮内作之由申候、』宮細《(ママ)》者、先日参』

申入候間、中々重而』不及申候、何様仰之』通、彼方堅可加催』促にて
候、可得御意候也、』恐々謹言、
（享徳二年）十月八日　石井美作守 豊安（花押254）
（祐成）乗観御房

二一二　宗藤（藤岡）直綱書状　（折紙）（二四・一×三八・七）

尚々、返御借状仕候て、進之』上者、御やくそく（約束）のことく、』孫五ニ御渡て可給候、』奉頼候、此外不申入候、

先日者、子にて候孫五郎』まいらせ候処、種々御懇之』由、殊ニ長々致
逗留、御煩』難申尽候、仍先年御』寺家中へ御用ニ罷立候』代物弐拾貫文
之儀、』且納御沙汰候、以後者、』御無沙汰候間、孫五郎於』以申入候処
ニ、可有御』皆済由蒙仰候、拙者』今ほとの不弁、迷惑』仕候砌、一段畏
入存候、』□□坊御馳走与』存計候、観智（栄盛）無御』座候間、落力申候へ共、』

先借の皆済を約す

○以下見返
貴坊御堅固ニ御座候』条、満足此事候、』□□御堅固ニ御』座候、□□ニ不存候間、』めい〳〵ニハ不申入候、不断』御床敷存計候、』若御房達ハ定而御』存有間敷候哉、対』御寺家ハ随而拙者ハ』奉公申入候キ、淵底』貴房様御存知之儀候条、』不及申候、猶孫五郎』申含候、恐惶謹言、

十月十日　藤岡入道　宗藤（直綱）（花押255）

（祐重）宝厳院まいる
御同宿中

○永禄十一年頃のものと推定される。

二一三　東寺長者東南院聖忠御教書　（三二・八×五一・三）

（端裏書）
「（長）□者東南院殿御教書（聖忠）　（大）太山庄役事　三位得業奉書」

大嘗会米

（丹波国多紀郡）
大山庄役大嘗会米』事、如此候者、忩可被』申領状候之処、御教書』及度々候、以外候、所詮、以此奉』書、被付奉行弁、可致』沙汰候、子細委可

被問答之由、』被仰下候也、執達如件、
(延慶二年)十月十四日　「隆忠(三位)」(自署256)

二一四　少納言澄盛書状

(折紙)(二五・一×四一・〇)

其以後不申入候、仍』彼問之儀、四手井方(家保)』歓楽ニ付候て延引候』条、其
方へも無音申候、』然者来十七日右忠』方、至吉祥院(山城国紀伊郡)、可罷』出分候、其
砌以参可』申入之間、御用候共、被』除御障候て可給候、』諸事此方無調
法之』者共にて候間、御异見』(○以下見返)可頼存所存候、従』戒光院(源増)、以書状可被申
候』へ共、一昨日小栗栖(山城国宇治郡)へ被』越候て、未無帰寺候間、』自拙者申候、巨
細之』段、常円房ニ申候間、』不能巨細候、急候条、』折帋式如何申候哉、』
恐々謹言、
十月十四日　少納言澄盛(花押257)

東寺
宝厳院殿参
（祐重）
玉床下

二一五　少納言澄盛書状

（折紙）（二一五・〇×三九・八）

（見返切封上書）
「（墨引）
宝厳院御房参
少納言律師
玉床下
澄盛
」

昨日常円房ニ』御懇之御言伝共』本望候、猶々、可』然様御入魂頼』存候、内々如令』申候、依躰明日十七日』拙者其方へ可参』心中候、宿以下之』儀、御無心可申入候、』将又、柴三荷持』進之候、乍御六借、』其方ニ被仰○以下見返付「取」』置候而可給候、猶委』戒光院より可被』申候条、不能詳候、』
○候てに重ね書
（源増）
恐々謹言、
十月十六日　少納言律師
澄盛（花押258）

宝厳院(祐重)御房参
玉床下

入勘停止を命ず

二一六　中原章職請文案

(二九・九×四二・五)

(端裏書)
「章職太良庄入勘停止事」

覚什律師事、陸奥入道』許御教書申進之候、
若狭国太良保(遠敷郡)国検事、』御教書之趣、申入候之処、早』可令停止入勘之
由、被仰』刑部大輔(橘知宣)候了、以此旨、可令』披露給候、恐々謹言、
十月十九日(仁治三年)　章職(中原)請文

国使入部停止を命ず

二一七　行忠奉書案

(三二・四×五一・〇)

(端裏書)
「太良庄国検使入部停止事　仁治三年」

若狭国太良庄(遠敷郡)入勘』停止事、自
御室御所(道深法親王)、』被申前右府(西園寺実氏)之許候之処、』
御返事如此被申候也、』尤神妙候、忩被下遣、可』被停止国使入部之由』

候也、恐々謹言、
（仁治三年）
十月廿四日　　行忠奉
（聖宴）
大進已講御房

二一八　宝幢院源長書状　（折紙）（二四・二×三八・三）

（見返上書）
「宝厳院御房参　　宝
御同宿中　　」

猶々、種々貴房』御馳走之段、各』祝着被申候、事』急候間、此外不申候、』将又先度者、適々』御登山ニ何事不申入候而、』無念之至候、

此間者、長々其方ニ』当寺（醍醐寺）之衆逗留』被申、御造作』不及是非候、種々』御馳走故、大略』理運之様、聞申候、』於此方、各祝着』被申候、拙僧以参』可申入候へ共、此方之』始末以下、手前』取竜（籠）候条、背本』意存候、将○以下見返

放生会供料支配

又、従』光明院(尭運)、放生会之』供粁御支配之由、』被仰候条、取ニ進之候、』早々御支配候而、一段』祝着仕候、何も近日』不図以参、可申候間、』令省略候、恐々謹言、

十月廿五日　源長(宝幢院)(花押259)

二一九　大喜多清書状　(折紙)(二五・八×四二・五)

如仰、此間者、久』不申承候、御床敷』存候折節、御折』帋、殊ニ柒壱合』為寺家より被懸御意候、』御懇之段本望至候、』将亦松弾(松永弾正忠)(久秀)へも柒壱』桶被参候、是又披』露申候、則御報被』申候、猶、円秀(祐富)可申上候、』恐々謹言、

(弘治元年)十月廿八日　大喜多兵庫助　清(花押260)

宝厳院(祐重)
まいる
御返報

年貢半損を命ず

二二〇　山城国拝師庄竹田方百姓中申状　（折紙）（二六・六×四三・三）

拝師庄(山城国紀伊郡)損免事、』当年以外不熟にて候』間、御百姓等迷惑此事候、』当御
年貢半損御』侘(詫)事一同ニ申上候、』依御返事、御取納』可申候、可然様御
申』奉憑候、恐々謹言、

十月晦日　竹田
　　　　　御百姓中（花押261）

東寺御代官
石井殿
　まいる　人々御中

二二一　大和国河原城庄代官加賀祐増書状　（二紙）（二八・七×九三・四）

(礼紙切封)
「(墨引)」

なお〳〵、当年の御年貢の事ハ、』先代くわん(官)の方へたい(大)り
やく(略)おさめ(納)候、』うけ(請)取をつき(継)てまいらせ(進)候ハんすると』申候、
さやうに候てハ、当年の事ハ御』むそく(無足)候へく候、まつ先代官

年貢催促のため神人を使に付す

をも』御こしら（拵）へ候ても御』たつしられ候ハんするか、』そのし
さい委細福石殿』申候也、
彼庄（大和国山辺郡河原城庄）之事、此間いろ〳〵ニ』申候て、昨日廿八日さた（沙汰）人きたり（来）候、』今日又
百姓三人見へきたり候、』まつ名字おしるし（書）、はんきやう（判形）を』くわ（加）へ候
て候、其間の事、』福石殿委細可申候、就其者、』御年貢の事、先代官（豊田春猶）』大
りやく（略）をさめ（納）候よし』申候間、先日のうけ（請）文を』もちて、もんたう（問答）仕候
へハ、それハ』先代官方よりさた候間、百姓ハ』そんち（存知）申さす候由申候
間、相残』候ふん（の）。百姓をめし（召）候て、それニつきて』神人をいそき〳〵
使ニつけ』候へく候、委細の事ハ福石殿』申へく候、身もいそき〳〵申
入』候ハんする事候間、近日ニ』罷上候て、委細申承へく候、』又しよむ（所務）
をも、ちとしそめ（為初）候ハん』する間、此御使とうりう（逗留）候へと』申候へ共、
いそき上洛候へとおほせ』られ候とて候間、まつこのふんを』申入候、
恐惶謹言、

半済

（応永三十二年）十一月一日　（加賀）祐増（花押262）

下つけ（野）殿御中
（元智）

二二二　馬二郎書状

（折紙）（二七・三×四五・四）

尚々申候、いそき〳〵』御とゝけたのミ入』存候、

態以折紙申入候、』仍東寺田御年貢之』事、以前申入候』ことく、半済を』明日納られ候、此分』寺家御申候て、更々』御とゝけ（届）候て可給候、』おそ（遅）なわり候てハ、御』百姓めいわく（迷惑）にて候、』若ちか《寺けお》□□ん候』とも、急度御とゝけ』可有候、恐々謹言、

霜月三日　伏見馬二郎（花押263）

東寺田年行寺（事）
御代官御かたへまいる

二二三　長塩元親書状　（折紙）（二六・八×四四・四）

文殊講田押領

（山城国乙訓郡）
上久世庄内文殊』講田参段之事、』此方押領之由候、一向』不存候、百姓
前被加』催促、可有寺納事、』簡（肝）要候、恐々謹言、

十一月七日　長塩備前守　元親（花押264）

東寺
雑掌

二二四　長塩元親書状　（折紙）（二六・二×四四・九）

文殊講田押領

（山城国乙訓郡上久世庄）
当庄内文殊講田』参段之事、此方』押領之由、従東寺』被申候之間、一向
不存』旨、寺家江申遣候間、』可被成其心得候也、』恐々謹言、

十一月七日　（長塩）備前守　元親（花押265）

寒河（家光）修理亮殿
進之候

文殊講田損免

二二五　山城国上久世庄文殊講田百姓恋川久弘等連署書状

（折紙）（二五・五×四一・八）

尚々申候、過分ニ』免被下候者、可為』祝着候て、やかて〳〵』収納可申候、』折帋之躰恐入候、

態以折氏（紙）令申候、』仍文殊講田之』損免之事、前々ニ』「あひか」（○□申候へ共に重ね書）わり、当年』之事ハ以外に候間、』過分ニ損亡申度候、』免定候者、聽而』収納可申候、各この』趣申候、恐々謹言、

十一月八日　恋川 二郎左衛門（久弘）（花押266）

太郎衛門（花押267）

治　部（花押268）

（祐春）乗観 御房まいる

二二六　瑞忠折紙

（折紙）（二六・七×四三・〇）

東九条勅旨田
此方の本帳

（山城国紀伊郡）
東九条内勅旨』田散在下地年貢』事、催促之処、東寺』領之由被申事、以外』相違候、此方本帳』在之事候間、不可有』承引候、自何方被』申候共、可為此分候間、』於難渋者、堅早々』可有譴責候、恐々』謹言、
（大永元年）
霜月十一日　瑞忠（花押269）
（宗武）
蓮池孫右衛門尉殿
御宿所

二二七　備中国新見庄又代官妹尾重康書状（一紙）（二七・一×九一・二）

（礼紙切封上書）
「（墨引）　妹尾太郎左衛門尉
相模殿御宿所　重康」

尚々、国之時宜以外事候、伊達殿』其外、旁皆々没落候由、申上候、』如今者、惣国乱敷之事候間、』此方迷惑此』事候、
国
就今度。執合之儀、昨日十一日』自国注進仕候、然間、新見庄之』事、国衙
（備中国哲多郡）

年貢・地子銭他納せしめば二重成

代官ニて候備中守(多治部)ト、『同名にて候九郎(多治部)左衛門方より、如此』注進候
間、為御披見、彼書状抱候て、『進之候、さ候間、一両日中可下人候、』爰
本(許)事共悉認候間、早々乗泉(祐栄)之』御状、多治部殿へ給候へく候、此状』候
ハてハ不可叶候、其謂者、彼方代官』在所ニ被居候て、所務仕事候間、
書状』候ハてはと申上候、急度御申候て可給候、』此旨可然様、可有御
披露候、恐々謹言、
(延徳三年)十一月十二日　重康(妹尾)(花押270)
相模殿(増秀)　御宿所

二二八　窪存重折紙案　(折紙)(二四・〇×四〇・二)

就福家孫右衛門丞(尉)死去、』彼知行分被仰付拙者候、』然者、此間孫右衛
門尉自然』寂前御折紙之内、方々』雖難去、沈輪(論)之子細、』至此段者、不可
及其沙汰』候之間、年貢・地子銭以下』得其意、可相拘、若構』他納者、可

為二重成候、謹言、

十一月十三日　窪参河守 存重在判

（山城国葛野郡）西九条縄内

名主百姓中

二二九　御室宮道深法親王執事頼尋書状　（三一・一×四九・五）

（端裏書）「御室御教書」

（良）（若狭国遠敷郡）太郎保施行符令』進候、恐惶謹言、

（延応元年）十一月十五日　「頼尋」（自署271）

御宿所

二三〇　大和国河原城庄代官豊田春賀書状　（切紙）（一七・二×四四・二）

（端裏切封）「（墨引）」

水損
公用銭十五
貫文運上

就河原城庄(大和国山辺郡)御公用之儀、如例年、』被差下御上使候、当年之儀、以外』雖
水損之儀候、随分令馳走、』拾五貫文運送申候、将亦、御』巻数并五明二
本被懸御意、』過分至極候、就其、左道候へ共、』雑紙二束進覧候、誠ニ
御』音信之儀計候、猶爰許之』様躰、具御上使可被申上候』之間、不能一
二候、恐々謹言、

十一月十六日　　　春賀(豊田)(花押272)

東寺公文所(下野浄忠)法橋御房
御返報

二三一　蓮池宗武書状　(折紙)(二五・四×四一・三)

勅旨田内石井』摂津守(在利)拘之下地』事、従　御屋形様(細川高国)、』里・坪・字お指テ』
被仰出候処、拝師(山城国紀伊郡)』と掠被仰候事、』一向無謂由、堅』可申旨候、従先規
之』有於支証、其証文』上へ御上候て、以其旨、』可被仰分事を、』菟角被仰
掠』候事、言語道断』之由候、然間、地下へ』堅催促仕候て、』可納所旨被

仰出候、『於地下年貢』（○以下見返）於無沙汰者、一段』鐀（譴）責可仕由、堅』被仰出候、従寺家、『先日拝師と被仰』候つる間、□（如）此以折』紙御返事までも』あるましく候、恐々』謹言、

（大永元年）霜月十七日　蓮池孫右衛門尉　宗武（花押273）

東寺
御公文所まいる
（下野浄成）

二三二　竹□尚即書状　（折紙）（二五・〇×四一・七）

（見返切封上書）
「（墨引）　竹兵へ　　尚即
宝厳院まいる
御同宿中　　　　　　」

尚々罷上候て』可申入候、執行へ』御言伝申入候、』同与三郎とのへ』申候へく候、

先日者、懸御目』候て、祝着至候、』仍□□代物』之儀、請取やかて』上可

申候、心得』存候、母にて候人』煩之由候間、近日』可罷上と存候、』其折
節以参』可申入候、恐々謹言、
十一月廿日　　尚即（花押274）
宝厳院まいる
御同宿中

拝師庄永田

百姓損免二石を求む

二三三　山城国拝師庄下司石井数安書状　（折紙）（二六・二×四三・二）

昨日、就永田之儀、』預御使候、此間も連々』堅申付候、今朝も早々』よ
り申遣候、左候間、当』年事者、彼庄内等（山城国紀伊郡拝師庄）』何も過分之損亡共、』御免之
事候、迷惑之由、』種々申候、彼是弐石』分を御免候へと、色々』申候、雖然、
中〱其』まて者不可事行』之趣、加問答候、先日』被仰付候分者、追
損』まて壱石五斗分候哉、』其儀にて者、御収納』○以下見返難申旨、侘（詫）事仕候、』所
詮、猶々可然様ニ』御計候て、御返事候者』肝用（要）候、今度入道召』進候、
能々聞合』候て、可被仰付候、次』自分御年貢条々』事、委細承候了、』心

得存候、一両日之間、』必可送進候、』何も無疎略之儀候、』及晩候間、不
能一二候、』委細者、此者可申入候、』恐々謹言、
十一月廿一日　　石井河内守
数安（花押275）
（祐深）
越後法橋御房

二三四　山城国拝師庄上鳥羽方百姓中申状　（折紙）（二六・九×四六・三）

惣中　倉付

（山城国紀伊郡）
拝師庄就御収納之儀、』委細承候、其分惣中へ』披露申候処、女御田之
儀』さへ堅御侘（詫）言申候処、御』代官より藤（堤）右衛門方江以折』紙、吉日之
由承候、先くら（倉付）』つけを仕候へ、尚々損免之』儀、可被仰合之由承候間、
其分』にて納申候、以前女御田損免、』堤銭籠之、纔二斗五升』御下行之
由承候、其分にて八』余ニ迷惑候間、残分相拘』申候、何も可然様ニ御披
露候て、』早々御収納候者、可目出候、恐々』謹言、

十一月廿四日　上鳥羽御百姓中（花押276）

（下野浄忠）
公文所殿御宿所

二三五　大和国河原城庄代官豊田春賀書状　（折紙）（二四・四×四〇・五）

追而申候、』態可申候処、好便申候、』恐存候、此外不申候、

先度、森宗方（宗房）へ内々』申候つる河原城（大和国山辺郡）御公』用銭之儀、従公文方（浄忠）、』安見へ伝候而、筒井（順慶）へ』申入、公文方へ可被由（ママ）』申事候、咲（笑）止共候、』如何様共被仰談、』可被召事肝要存候、』御方儀本所事候間、』此方儀も其方へ』致運上度候、于今』拘置申候、早々』可被相調事肝要候、』恐々謹言、○以下見返

十一月廿六日　豊田春賀（花押277）

東寺
備前殿（祐清）御宿所

折紙銭

譴責

二三六　高柳通次書状

（折紙）（二三・九×四〇・八）

就御折帋銭之』儀、度々以使者申』候之処、菟角被仰』候て、無御渡候、従其』方遮而御契約』之儀候、今更何かと』承候儀、不及覚語《（悟）》候、』幸至芥河《（川）》（摂津国島上郡）御約束』候つる間、急度可被』持候、則其方之御折』帋可渡申候、猶於御』難渋者、可令譴責候、』恐々謹言、

十一月廿七日　高柳彦四郎　通次（花押278）

観知《（智）》院（栄盛）御同宿中

二三七　藤岡直綱書状

（折紙）（二三・九×三九・六）

（見返上書）「とう寺　まいる」

猶々御宮作之事ハ、』来二月迄御延引』由、大工物語仕候、左』様ニ御座候哉、承度候、』何も善事ハ、無御油断』御沙汰候て、可然

過書

三好長慶上洛留守衆

存候、』又宝厳へ申入候、』先日壱貫四百文の』儀も、米にて可被
下之由』蒙仰候つる、それも』春迄おかせられ候て可給候、』奉
頼候、又申候、小坂方』より此方へ請取申候』米、此升ニ弐石弐
斗、』御坊にて可被渡旨申合候』間、かた〳〵升』もたせ候て上
申候、此米も』御無心なから其方ニ』おかせられ候て可給候、』
何も正・二月中ニハやかて〳〵』とり可申候、奉頼候、急候間、』
此外不申候、
先日者、御辛労之』至候、過書共無相』違罷上候由申候、目』出珍重ニ存
候、大工』かた（方）へ、大物ハ其以後』又五貫文渡申候、』相残五貫文ハ軈而』
可相渡旨、大物衆へ』堅申置候間、可御心安候、』拙者茂去廿四日ニ罷上
候、』昨日筑刕（筑前守）（三好長慶）上洛候事、』我等ハ留守衆こて候間、』不罷上候、乃今度』
大工かたへ引替申候』料足事、米にて』可有御渡由、先日』（○以下見返）御物語候つ
る間、此方』升於此者ニもたせ』候て上申候、此升ニ代』物百文ニハ、其方

の』只今のうりかい(売買)のさうは(相場)』いかほと(如何程)ニあたり申候や、』承度存候て、ます』のほせ申候、能々懇ニ』御ため候て、此御返事ニ』可預示候、自然爰』元よりたかく候者、㝡前』如申合候、代物にて可給候、』委細ハ此者可申入候、』恐々謹言、

(永禄元年)霜月廿七日　(藤岡石見守)藤石　直綱(花押279)

(祐重)宝厳

(栄盛)観智　参御同宿中

二三八　大和国河原城庄代官豊田澄英書状　(切紙)(一六・三×四三・二)

(端裏切封)「(墨引)」

御懇之預御状候、誠祝着至候、』殊更御巻数送給候、御』懇切之至極、畏入存候、』仍当庄(大和国山辺郡河原城庄)御年貢銭之事、』千疋令運上候、委細者』心用上人可有

牢籠

支置

御申候、』将又拙者事、従尾州（畠山尚順）』不謂子細被仰懸、牢籠』仕候、雖然御年
貢銭之事、』涯分致調法候、可然之様、』御披露所仰候、恐々謹言、
（永正八年）霜月廿七日　　澄英（豊田）（花押280）
東寺
公文所御房（駿河聡快）

二三九　九里治任書状案　（折紙）（二九・三×四五・二）

（見返端裏書）「伊庭代官九里状案」
（近江国蒲生郡）嶋郷東寺米』代官事、伊庭（貞隆）へ』被仰付支置候、』五郎御曹子様より』伊庭
へ被仰付、』京都にて御落居候へく候、』恐惶謹言、
（享徳元年）十一月廿八日
九里
治任在判
御返報

支置

二四〇　近江国三村庄島郷公文代忠賢書状案

（折紙）（二九・四×四五・三）

（見返端裏書）
「三村公文折紙案」

（近江国蒲生郡）
嶋郷東寺米御事、』人を下給候、公文方』切符事、蒙仰候へ共、』伊庭方（貞隆）より被支置』候間、更私儀にてなく候、』為其ニ伊庭代九（治任）』里方折紙候上者、』切符事ハ御落居間、』可奉待候、恐惶謹言、

（享徳元年）
十一月廿八日　　公文代 忠賢在判

貴報

豊田拘勅旨田

二四一　堤光職書状

（折紙）（二五・八×四二・〇）

急度、以折帋申』入候、仍就豊田方』拘之勅旨田、無謂』御在所者、堤衛門五郎』年貢等押置候、』色々致催促候へとも、』無承引候之間、今日』御収納支申候、為』御意得、如此申入候、』恐々謹言、

十一月廿九日　堤又三郎 光職（花押281）

承観御房御宿所

地震により講堂本尊破損

二四二　密教院俊典書状

（二紙）（二七・八×八八・〇）

（礼紙切封上書）
「（墨引）　密教院
年預御房御報　俊典」

御状拝見申候、一昨夜地震、『講堂御本尊等令破損之由、』御注進之趣、寺務ヘ『披露申候』処ニ、驚被入候、内々（伝）天奏迄御申上之由尤候、則』従是可有　奏聞候条、』得其意、可申入旨候、恐々謹言、

（天正十三年）
十二月朔日　（密教院）俊典（花押282）

東寺
年預御房御報

公用銭十五貫文運上

二四三　大和国河原城庄代官豊田春賀書状案

（折紙）（二七・八×四四・四）

（見返端裏書）
「豊田送状案文」

就河原城庄（大和国山辺郡）御公』用之儀、被着上使候、』如例年之拾五貫文』令運上候、
仍五明被』懸御意候、過分之至候、』将亦雖乏少之儀候、』雑紙一束進覧
候、』委曲上使可被申上候』条、不詳候、恐々謹言、

十二月三日　（豊田）春賀在判

東寺御年預
御返報

二四四　菩提院了遍御教書

（三三・六×五三・〇）

（前欠）

宗憲之儀出来候、於寺用』無不法「之」（○書き直）儀者、為寺領不可有』子細候歟、

領家の下知
を蔑如

下司職之事、故僧正御房（菩提院行遍）御時、清宗雖被改易候、捧種々』請文、頻歎申之間、文永十年』比被補候了、而清重（平）背父清宗之』請文之旨、蔑如領家下知候、剰』闘乱狼籍計会之間、依有便宜』被補金寿之条、何可及庄家（大和国平群郡平野殿庄）之』違乱候乎、此等条々又興隆』儀、不可有相違候歟之由候也、恐々』謹言、

（正応二年）十二月五日　権律師「宴仲」（自署283）

謹上　年行事（能済）僧都御房

○前欠部分は「無号之部」八九号文書。

二四五　石井顕親書状　（折紙）（二五・三×四二・三）

拝師分（山城国紀伊郡）はむろ（葉室）』より加（嘉）例之御礼』無沙汰之由、百姓前』御さいそく（催促）の由、注進候、』此間相論子細候て』延引被申候、きのふ（昨日）』落居候間、則かたく（堅）』申遣て候、定近日』可被進之候、只今も』又申遣へく候、』いま（今）

ほと（程）御まち（待）可『畏入候、いかさま（如何様）』ふと参、可申承候、

十二月八日　　（○以下見返）石井修理進
顕親（花押284）

乗観（下野祐成）御房
御宿所

今度一乱
庄家窮困

二四六　大和国河原城庄代官豊田澄英書状　（切紙）（一六・四×四四・八）

（端裏切封）
「（墨引）」

追而申候、先度者御懇』御巻数送給候、則致頂戴、『千万畏入存候、
河原城庄（大和国山辺郡）御公用銭、』只今千疋運上申候、』今度一乱并爰元不』熟、以外
之儀候、庄家窮』困無申計候間、相残分、来』春早々可致皆済候、此段』
可然様、御寺家江御披』露所仰候、恐々謹言、

十二月十一日（永正十七年）
澄英（豊田）（花押285）

公文所（浄成）御房

二四七　経長書状

（二紙）（二八・七×九四・〇）

（礼紙切封上書）
「　　（墨引）
午刻宝厳院殿　　　　経長」

尚々、此御施入事者、』如只今五千疋、三千疋』等にてハ』候ハて、』人数ニ合て』入られ候様ニ候しやらん、』喩去八月之比、』禅家千僧供なとの』様ニ候しと御覚候、委細』可被申候、

（足利義持）勝定院殿様御代、為（足利義満）』鹿苑院殿御仏事、諸寺へ』御施入之事候し、其ハ何年』候哉、寺家へも御施入候哉、』又　鹿苑院殿さまの御』仏事候哉、又　（藤原慶子）勝鬘院殿』様御仏事候ける哉、委細御』覚悟分可被申入之由、可申』旨候、誠恐謹言、

十二月十五日　「経長」（自署286）

九条縄内

二四八　窪存重書状案　（折紙）（二四・〇×三九・七）

九条縄内之事、雖』前福家孫右衛門尉被』申付候、唯今同名橘』二郎被
仰付候年貢・』諸成物等、速可令』其沙汰候、為其、態』以折帋申候、恐々
謹言、

十二月十九日　窪参河守
存重 在判

名主百姓中

下百姓未進年貢日請

二四九　山城国拝師庄百姓中井安弘書状　（折紙）（二六・五×四四・〇）

（山城国紀伊郡）
拝師庄御年貢』米、来廿二日必々納』可申候、一両日中』の事、以御心得
御待候て』給候者、可畏入候、下』百姓前過分未進候、』催促仕候処、廿
二日』事にて日うけ（請）仕候間、』如此申候、被懸御意候者、』所仰候、恐々
謹言、

十二月廿二日　中井将監安弘（花押287）

東寺
中殿（乗観祐成）御宿所

二五〇　蓬雲軒宗勝（松永長頼）書状　（折紙）（二八・〇×四五・〇）

（見返切封上書）
「（墨引）　蓬雲
（斎藤越中守）斎越（基速）御返報　宗勝」

就東寺公文所儀、被仰越之趣、森』喜兵衛尉可申付候、仍而』宮野半済（浄忠）分之儀付而』申之処、三丈（友）院殿（細川高国）御』代、御存知之通、御屋形』様直ニ為被仰由承候、』依被申掠左様ニ思召、』雖被仰出候、此方致知』行段無紛事候、殊大町』得合力、以為致馳走、可』有御分別候、自然丹州』内なとに候へ者、旅時分、為』私契約なとハ、れん（連綿）』めんの儀ニ候へ共、能勢郡（摂津国）』

儀者各別ニ候条、無故』儀、自此方人ニ遣度候』而も、人々信用可仕候哉、』自前々存知来之段、』依歴然之儀ニ候、当知行』段、被押置候事、迷惑』不過之歟、将亦彼折帋』安(案)文之事、承候間、返進申候、』急度一途之様奉憑候、』恐々謹言、

極月廿四日　宗勝(蓬雲軒)(松永長頼)(花押288)

二五一　竹内季治書状

(折紙)(二三・七×三九・五)

金勝院取沙汰』分之事、拙者』無案内候間、則』相尋、自是可』申付候、不可存』疎意候、恐々謹言、

十二月廿四日　竹内三位　季治(花押289)

東寺　年預

久世奉行　御返報

金勝院取沙汰分

二五二　梅軒快真書状　（折紙）（二六・七×四三・七）

御状并三井寺（近江国滋賀郡）』よりノ請取』三つ、即披露』申候、慥請取』置被申候、我々』心得可申入之由』にて候、恐々敬白、

十二月廿五日　梅軒快真（花押290）

観知（智）院（空盛）尊報

三井寺請取

歳末祈禱巻数

二五三　範次奉巻数返事　（二九・八×四八・八）

恒例歳末之御巻数』一、到来候、目出候由候也、』恐々謹言、

十二月廿六日　範次（花押291）

東寺御返事

二五四　藤原光泰書状　（三二・四×五〇・二）

寿命経御巻数給候了、』返々為悦候也、』抑一切経事、未到来候哉、』不審候、恐々謹言、

（永仁元年）十二月廿九日　左中弁「光泰」（藤原）（自署292）

二五五　三条西実枝書状案　（折紙）（二七・一×四〇・三）

尚々、両宗之儀、近日』関東江戸（重通）へ可被成』綸旨之分候、以五人之連』判副状無之者、悉』可為反古候定ニ、上古』記録所之』御沙汰、此時』再興之事候間、』曾以珍重候、』但愚老毎事不堪、御存知前候、』況迎日老、無正躰候条、』迷惑此事候、昨日者裁許、』到今日申事共候間、以外取乱候、』可有御察候哉、兼又御祈念之事、』雖為御旅宿、無御油断候様、』奉憑候、殊当時公事之理非、』以遊（ママ）之詞各申入候、雖然諸人之恨』帰於一身候条、御祈念之段、』

関東真言・天台衣体相論

織田信長五人奉行

併此砌候、天明(命)相任候儀候へ共、』及御加持力者、身命不可全
候、』御憐愍之段、偏憑入存計候、』取乱候条、状中殊無正躰候、
御下向之砌、定日不存』候故、不参御暇乞、無念』慮外非一之処、尊書』
殊恐悦候、抑真言・天台』衣躰相論之事、一向』禁裏之御沙汰ニ不可』及
儀候、其故者、両宗』大師各被成官符、門』徒中之官位等、為私』相計事
候、況末寺・』末山之雑事等、曾以』不可被執上候、然間、彼』天文廿四年
之　綸旨』を始として悉被毀』破候て、早破候了、如先規、各可』○以下見返為本寺之支配之
由、』五人之奉行衆評定』事候、可御心安候、
禁裏之御儀共、如何』辺取沙汰、余以無正』躰之由、信長(織田)被申候者、五』
人之奉行相定候、一切』諸事之儀、直奏候、可』被成其意得候、日々評
定』不得寸暇候条、先一筆申』入候、重委細可申述候間、』能々可得御意
候、かしく、

御児御中　　実枝(三条西)

○天正三年のものである。また、『教国護国寺文書』三〇二五号文書に、他の文書とともに包まれていたものと推定される。

公文所浄忠公事の折紙銭

二五六　高柳通次書状

(折紙)(二四・〇×三九・九)

(見返切封上書)
「ほん□たい(宝菩提院)まいる(俊朝)　(墨引)　たかやなき(高柳)　(通次)
申候へく候　やと
より」

きよ〳〵ねんの(去々年)『くもんしよ(公文所)(浄忠)之御』『公事のときの』おりかミせん(折紙銭)、いまた『うけとり候ハす候、』御わすれ(忘)候や、御と〵(届)『けのためにわさと(態)』つかひを以申候へく候、『さう〳〵(早々)御わたし(渡)』候へく候、又々』申候、

○永禄三年のものである。

二五七　多羅尾綱知書状封紙

(切紙)(二七・九×一一・五)

（折封上書）
「多羅尾左近大夫
東寺年預御房
御報
「綱知」（自署293）
」

二五八　松永久通書状封紙

（切紙）（二六・八×一一・一）

（折封上書）
「松永右衛門佐
東寺
年預御房
御返報
「久通」（自署294）
」

○本紙は「り函」一二六号文書。

二五九　松田盛秀書状封紙

（四六・三×二七・九）

（折封上書）
「東寺雑掌
対馬守「盛秀」《（松田）》（自署295）
」

二六〇　若狭国太良庄公文弁祐書状封紙

（三二・二×二五・八）

（折封上書）
「進上　東寺公文所　公文「弁祐」（自署296）上」

二六一　山城国守護沙弥祥全（高師英）遵行状封紙

（四八・七×二九・七）

（折封上書）
「佐治因幡入道殿（崇朝守直）　沙弥「祥全」（高師英）（自署297）」

○本紙は「ニ函」三二一号文書。

二六二　飯尾清房書状封紙

（四四・六×二六・四）

（折封上書）
「東寺年預御房　飯尾加賀守「清房」（自署298）」

〔東寺百合文書　イ函〕完

〔東寺百合文書　ロ函〕

一　山城国紀伊郡日吉田坪付注進状案　（続紙八紙）（二八・九×三二〇・四）

（端裏書）「日吉田文書案」

（一）　山城国紀伊郡日吉田坪付注進状案

（外題）「件田地、奉寄日吉諸堂・諸社寺、』坪付可致沙汰之状如件、

永暦元年十月　日

（藤原季忠）大介在判　」

注進、

山城国紀伊郡内日吉田坪付事、

合

一　河副里

廿坪　壱段三百歩　廿二坪　壱段

飛鳥里

佐井佐里

廿三坪　弐段　　廿七坪　半

卅五坪　柒反

一　飛鳥里

七坪　弐反　　八坪　四反

九坪　四反　　十九坪　三反半

廿三坪　半　　廿六坪　三反

廿七坪　三反　　同坪　三反半

廿八坪　陸反　　卅二坪　弐反小

一　佐井佐里

三坪　壱反大　　同坪　壱反

五坪　三反　　七坪　三反

八坪　四反　　九坪　四反

十坪　壱反　　十八坪　弐反
廿一坪　弐反　　同坪　弐反
卅二坪　壱「町」○反に重ね書　　廿九坪　五反半
卅三坪　弐反

一　跡田里

五坪　四反　　七坪　三反
七坪　四反　　十坪　三反
十一坪　壱反　　同坪　五反半
十五坪（坪）　弐反　　十六坪　三反
十八々　三反大　　同坪　壱反

廿一々　壱町　　廿三々　壱丁
廿五々　壱反　　同坪　壱反

廿(九)□□　弐反　　同坪　四反小
卅坪　三反　　同坪　壱反

一　真幡木里

弐坪　三反　　五坪　壱反
七坪　壱反六十　　(八)□坪　四反
八々　三反　　九々　弐反
九々　壱反半　　十五坪　半
十七坪　三百歩　　同坪　小
十九々　壱反半　　廿々　壱反
廿二々　壱反　　廿四々　五反
廿六々　半　　廿九々　弐反
廿九々　弐反半　　卅二々　壱反
卅二々　壱反　　卅六々　壱反

一　幡鉾里

壱坪	壱反半	五坪	壱反
六々	五反	七坪	三反
七々	三反	八々	弐反半
九々	弐反小	同坪	壱反
同坪	弐反大	十々	弐反半
十一々	壱反	同坪	三反
十二々	三反	十三々	壱反
十六々	弐反	十七々	壱反
十七々	六反	十九々	壱反半
廿一々	壱反	廿二々	壱反
廿三々	弐反	廿四々	壱反

廿四々　壱反　　廿六々　壱反
廿七々　壱反　　廿八々　五反
廿九々　壱反　　同坪　大
卅四々　壱反　　卅五々　弐反

一　角神田里

壱坪　半　　同坪　半
弐々　五反　　九々　弐反
十坪　壱町　　十一々　四反
十二々　半　　同坪　壱反半
十三々　三反　　十六々　壱反
十六々　弐反　　廿一々　六十歩
廿三々　弐反半　　廿四々　壱反半六十歩
廿五々　四反　　廿六々　弐反

廿八々　壱反半　　同坪　弐反
卅四々　弐反　　卅五坪　壱反

一　須久田里

三坪　五反　　七坪　五反
九々　弐反　　同々　壱反
十一々　七反　　十六々　弐反
十八々　五反　　同坪　壱反
十九々　弐反　　廿々　弐反
廿々　三反　　廿四々　三反半
廿四々　七反　　廿六々　壱町
廿七々　大　　廿八々　壱反
廿八々　三反　　卅々　四反

穴田里

社里

卅二々　壱反

一　穴田里

五坪　壱反　　七坪　九反半

十々　七反　　十二々　四反

十三々　壱反　　十七々　壱反

十七々　壱反　　十八々　壱反

廿々　三反　　廿五々　弐反

廿六々　八反　　廿七々　半

一　社里

三坪　壱反　　同坪　壱反

五々　半　　九々　壱反

十一々　六反　　十二々　壱反三百歩

十二々　三反　　同坪　壱反

十四坪　弐反　　十五々　五反

十七々　三反半　　同坪　四反
十八々　壱反　　十九々　九反
廿一々　壱町　　廿七々　三反
卅々　四反　　卅二々　三反

一　苦手里

壱坪　半　　三坪　壱反
五々　壱反　　八々　三反
十々　壱反　　同坪　五反
十二々　壱丁　　十五々　弐反
十五々　壱反　　十六々　五反
十八々　壱町　　廿二々　弐反

廿二々　四反半　　廿四々　壱反
廿五々　壱反　　同坪　三反
廿七々　弐反　　同坪　弐反
卅四々　三反大　　卅五々　壱反
卅五々　壱反

松本里

一　松本里
十三坪　弐反　　廿三坪　壱反
卅々　弐反

平田里

一　平田里
壱坪　九反半　　九坪　四反
十々　弐反　　十一々　壱町
十七々　八反半　　十九々　四反

三木里

廿二々　六反小　廿四々　壱丁
卅一々　六反半　卅四々　壱反半
卅五々　壱反半　卅六々　三反
一　三木里
壱坪　弐反半　弐坪　四反半
八々　三反　廿六々　四反半
廿九々　壱反　卅五々　壱反
卅六々　弐反
右坪付、太(大)田合(ママ)注進如件、
永暦元年十月　日　散位平広妙在判

(一一)　山城国紀伊郡日吉田坪付注進状案

注進、

鎌倉家寄進分　跡田里　角神田里　須久田里

山城国紀伊郡内日吉田鎌倉家御寄進分坪付事、

合

一　跡田里

弐坪　弐反　四坪　七反

九々(坪)　四反　十六々　五反

十七々　壱丁　廿五々　弐反

廿八々　壱反

一　角神田里

十四坪　壱町　廿坪　三反

廿二々　八反半

一　須久田里

八坪　五反　十七坪　五反

苫手里

松本里

廿九々　壱反

一　苫手里　卅三坪　壱町

一　松本里

廿八坪　弐反　　卅坪　四反

卅一々　三反　　卅二々　五反

右坪付、注進如件、

文治三年八月　日　惟宗秀緹在判

右日吉田、彼此陸拾捌町唯心寄進御』門跡之間、所加暑（署）判也、

安貞二年十一月　日

別当法印在判

二　丹波国大山庄一井谷田地実検注文　（続紙五紙）（三三・五×二一三・一）

(端裏書)
「大山庄斗代注文」
(丹波国多紀郡)

実朩(検)注文　文保二年六月廿二日

合

明善五段卌代内　上田二段廿代　分米壱石八斗
　中田二段十五代　一石三斗一升一合(花押1)
　下田一段五代　四〻升五合　斗九升

已上三石六斗六合内　井斵五升八合除
　定米三石五斗四升八合

右馬允八段廿代内　上一段卌代　分米一石二斗
　中三段卌代　分米二石五升二合(花押2)
　下三段十代　分米一石四斗四升

已上　井斵除
　定米四石六斗四合
　上一段　分米七斗五升

平庄司六段卌五代内　中二段二段(ママ)　分米一石一斗四升(略押3)
　下三段卌五代　分米一石七斗四升九合

已上井斵除　定米三石五斗七升二合

政所

二郎庄司一段廿五代内　中　分米八斗五升五合（略押4）
已上八斗五升五合内　井料一升五合除 定米八斗四升
二郎（検校）木木中一段　分米五斗七升 井料除 定米五斗六升（略押5）
藤太夫二段廿（代脱カ）内 上田卅代　分米六斗
中一段十代　分米六斗八升五合〔四〕
下廿代　分米一斗八升（略押6）
已上井料除 二升「四」合〔○合に重ね書〕　定米一石四斗四升
平官主一段十五代 上田一段　分米七斗五升
中十五代　分米一斗七升一合（略押7）
已上井料除　定米九斗一升八合

惣官二段廿五代内 上一段　分米七斗五升
中一反廿五代　分米八斗五升五合（花押8）
以上一石六斗五合内 井料二升五合除 定米一石五斗八升
御内作七反廿五代内 上二反十代まんところ（政所）のまへ（前）
上一反法師丸
中三反十内 一反廿大谷口
卅代まんところの東北ヨリ
一反十さゑのまへ（花押9）

下一反五代内 一反よこまくらのけちやうつくり / 五代さゑのまへ

以上□(分)米四石七斗一升九合 井新七升五合除之、

定米四石六斗四升四合

さいちやう房〔さこの次らう（左近次郎）〕二段廿五代 上一段　分米七斗五升 / 中一段廿五代　分米八斗五升五合（花押10）

以上一石六斗五合内 井新二升五合除 / 定米一石五斗八升

弥五郎入道三段五代内 中一段卅五代　分米九斗六升九合 / 下一段廿代　分米六斗三升（花押11）

以上一石五斗九升九合 井新三升一合除之、 / 定米一石五斗六升八合

道願七段五代 上五反十　分米三石九斗 / 中一段卅五代　分米一石八升三合（花押12）

以上四石(九斗脱)升〔八升〕三合内 井新七升一合除之、 / 定米四石九斗一升二合

さい官主一段十内　下　分米五斗四升 井新一升二合除 / 定米五斗五升一合〔二升八合〕（略押13）

源内三段十五代内
上一段卅代　分米一石二斗
中卅代　分米三斗四升五合《四升二合》（略押14）
下一段五代　分米四斗九升五合
已上井析除「三升三合」　定米二石四合

平内七段十内
上二段十　分米一石六斗五升
中二段卅代　一石五斗九升六合（花押15）
下二段十代　分米九斗九升
已上四石二斗三升六合内
井析七升二合除
定米四石一斗六升四合

与一庄司五段廿五代内
上二段卅五代　分米二石二升五合
「中」〇書き直二段卅　分米一石五斗九升六合（略押16）
以上三石六斗二升一合内
井析五升五合除
定米三石五斗六升六合

進平次四段廿内
上田二段卅代　分米二石一斗（略押17）
中一段卅　分米九斗一升二合
以上三石一斗二（ママ）合内
井析四升四合除
定米三石五升八合

進示（士）太郎二段内
上田一段廿五代　分米一石一斗二升五合（略押18）
中廿五代　分米二斗八升五合
以上一石四斗一升内
井析除之、
定米一石三斗九升

執行五段内上三段　分米二石二斗五升（略押19）
中二段　分米一石一斗四升
以上三石三斗九升四合内（マヽ）井新五升除之、
定米三石三斗四升

西願二段　上　分米一石五斗井新二升除之、
定米一石四斗八升（略押20）
源藤平一段　下　分米四斗五升井新一升除之、
定米四斗四升（略押21）

○紙継目裏ごとに花押22があり、最後の紙継目裏花押の下部に「元応元年十月ニ厳乗加判形、百姓等判形ヲ取下早、使僧取次」の文言がある。

三　玉熊丸代宗康申状

（三二・三×五三・五）

（端裏銘）
「宗康所進」

玉熊丸代宗康謹言上、

欲早仰平氏女今者出家・同子息山僧故喜楽房少輔阿闍梨円堅』門弟大弐阿闍梨成尋等、被召渡質券重書、山城国上桂庄（葛野郡）次第』手継等、返遣銭貨、全相伝間事、

手継券文を質券となす

右、上桂庄次第手継并故四辻入道親王（善統）庁御下文及　院宣等』者、玉熊丸代々相伝無相違者也、爰有事縁、自徳治年中、比丘尼妙円』以彼文書為質券、銭貨六十貫文仁、就令入置平氏女之許、可請』出之旨、連々雖相触、彼氏女并子息山僧成尋等、猥令拘惜、徒』送多年之条、尤無謂者也、早為　上裁、被糺返彼証文等、為被』処其身於所当罪科、粗言上如件、

嘉暦二年四月　日

○裏に花押23があり、その上に「奉行官人対馬判官重行判」と書かれた附箋がある。

四　播磨国矢野庄例名西方田畠斗代定帳

（続紙三五紙）（三〇・二×一、四九三・八）

（端裏書）
「古斗代帳」

注進　東寺御領播磨国矢野庄（赤穂郡）例名西御□（方）

新河成

岡成

岩蔵神田

田畠斗代定帳事、

合

貞次名

一所一段中カトヤノ奥　一所卌下住北(代脱)　一(所)、廿五カトヤ新河也

一所一反廿五同所中一反 下廿五　一、卌五セイノヲ岡成　一、一反廿同所東岡成

已上六反五内新河廿五　岡成二反十五

定三反十五内中二反 下一反十五　分米六斗六升 分米二斗九升九合

已上米玖斗五升九合

延永名

一所一反廿住内内岩蔵神田廿 残二反中　一所一反廿五住南同宮神田廿五 残一反中廿五 下廿五

定二反中一反廿五 下廿五　分米四斗九升五合 分米一斗一升五合

講田

已上米六斗一升

未(末)清名

一所卅《スカ谷》　岩蔵御神田

一所卅《スカ谷》　上

一所卌五《スカ谷》講田

一所卅下《アケヒ谷》

一、廿五内《同所》岩蔵神田十五
講田五代

一、一反廿五《同所》岡成

已上四反卌五内講田一反　岩蔵御神田卌五　岡成一反廿五

定一反十内(異筆)「中五」上卅　分米二斗七升
下卅　分米一斗三升八合

(異筆)「●」已上米四斗。「一合」(四斗一合(ママ)　○八合に重ね書)

助真名

一、廿五下《スカ谷》

一、二反内《同所》岩蔵神田廿五
残一反廿五上

已上二反廿五内岩蔵神田廿五

定二反内上一反廿五　分米六斗七升五合
　　　　下廿五　　分米一斗一升五合

已上米柒斗玖升

生竜寺田
番頭免

西善名

一所廿五スカ谷岩蔵神田

一、二反十五同所上一反十五
　　　　　　　　中一反

一、二反十五内同所講田一反
　　　　　　　　　残一反十五上一反
　　　　　　　　　　　　　　中十五

已上五反五内岩蔵神田廿五　講田一反

定三反卅内上二反十五　分米一石三升五合
　　　　　中一反十五　分米四斗二升九合

已上米一石四斗六升四合

延真・弘真両名

一、一反五内住内生竜寺田一反
　　　　　　残五上

一、一反五同所上廿五
　　　　　　　中卅

一、卅内住前番頭免廿
　　　　残十上

一、卅スカ谷番頭免

已上三反廿内生竜寺田一反　番頭免一反

定〻一反廿内上卅 中卅　分〻米三斗六升 分米一斗九升八合

已〻上米五斗五升八合

増〻得・国元両名

一〻、一反廿五内中スカ 上〻一反 中廿五

一〻、三反内中スカ 講〻田一反 上〻一反 中一反

一〻、卅地蔵谷 下

一〻、十五北河 上〻

已〻上五反廿内講〻田一反

定〻四反廿内上〻二反十五 中一反廿五 下卅　分〻米一石三升五合 分米四斗玖升五合 分米一斗三升八合

已〻上米一石六斗六升八合

延〻時名

一〻、二反卅内中スカ 岩〻蔵神田一反 上〻一反 中卅

一〻所二反中スカ 上〻一反廿五 中廿五

雑免

中河原神田井料

已上四反卅内岩蔵神田一反

定三反卅内上二反廿五　中一反十五

分米一石一斗二升五合

分米四斗二升九合

已上米壱石伍斗五升四合

常得名

一所スカ谷一反十内講田一反　残十岩蔵神田

国岡名

一所クチト三反五上一反廿　中一反卅五

一、カタフケ一反五中

已上四反十内雑免廿五　上卅五　中二反卅

分米二斗八升

分米四斗五合

分米玖斗二升四合

已上米壱石陸斗玖合

種近名

一所住前二反内中河原神田一反廿五　残廿五井料

一所住辰巳三反十内岡成一反　残二反十内井料五　上一反　中卅　下廿五

一所モヽノ元三反卅光明寺免　一、十住内中

一、ニシカツホ二反廿内光明寺免一反十
残一反十中卅下廿

已上壱町一反卅内中河原神田一反廿五　井析卅
岡成一反　光明寺免五反

定三反廿五内雑免一反　分米五斗六升
中一反卅　分米五斗二升八合
下卅五　分米二斗七合

已上米一石二斗九升五合

成恒名

一所真蔵住下一反十中卅下卅　一、遠山田一反卅中一反十五下廿五　一、小山田十下

一、内小山田一反卅中　一、同所二反五内講田一反
残一反五中　一、クホタ十下

一、カリアツマリ一反十内常荒一反
残十下　一、山王前廿五中　一、雨内中ソ子二反廿常荒二反
残廿下

本河成

已上一町一反十内 講田一反　常荒三反

定四反卅五内 雑免中 下一反卅　分米一石三斗六升四合　分米三斗六升八合

已上米壱石柒斗三升二合

貞光名

一所一《田井》反十内 本河卅五 新河十五

一所三《イタ》反廿五 上一反 中一反卅五 下卅

一所卅中《下クヒツ》

一、十中《ムナモチ》

一、一《キツ子》反五内 講田一反 残五上

已上陸段卅内 本河・新河一反十 講田一反

定四反卅内 雑免一反五 中二反卅五 下卅　分米六斗五合　分米八斗九升壱合　分米一斗八升四合

（異筆）「●」已上米壱石陸斗八升

国延名

一、一《中河原》反五内 新河五 残一反上

一、卅五下《下カウタ》

一、一反上《東ハシツメ》

一、平田二反卅内井新卅
残二反中一反廿五
下廿五
已上五反廿内井新卅　新河五
定四反卅五中一反廿五
下一反十
雑免二反
分米一石一斗二升（○四に重ね書）
分米四斗九升「五」合
分米二斗七升六合
已上一石八斗玖升壱合

是貞名
一所中河原一反五内新河十五
残卅上
一、東ハシツメ一反卅上一反
中卅
一、同所卅上
一、カタフケ一反中
一、平田一反上廿五
中廿五
（異筆）「東ハシツメ
一（所）一二反廿内卅
一反卅藤内入道
是貞
道念」
已上柒反卅五内新河十五
定七反廿内上五反十五
中二反五
分米二石三斗八升五合
分米六斗玖升三合

大僻宮神田

已上米参石柒升八合

恒末(末)名

一所一反十五 イモシヤ 内 新河卅 残廿五上
一、三反 ナヲタ 内 神田一反　番頭免一反 井新卅 残廿上
一、卅下 恒末(末)住東

一所三反廿 ヌマ 内 新河卅 残二反卅上
一、一反卅 小山田 中一反 下卅
一、十下 小山田

一、一反五 クヒツ 中卅五 下廿
一、一反下 河キハ
一、一反廿 シ水前二所合 中一反 下廿

一、卅不也 馬タヲリ
一、一反十 同所二所合 中卅 下卅
一、廿下 中ソ子

一、一反廿常荒也 カリアツマリ
一、一反廿五 山王前 神田一反 残廿五上
一、一反十五 山王前 中卅五 下卅

一、廿五下 同所二所合

已上二町廿五内 大僻宮神田二反　井新卅　常荒一反廿
番頭免一反　本河・新河一反卅

荒山神田

定壱町三反十五内雑免四反　分米二石二斗四升
中四反　分米一石三斗二升
下五反十五　分米一石二斗一升九合

已上米四石七斗七升九合

(末)末重名

一所カリアツマリ一反五　常荒五　残一反下
一所ノ中卅　常荒十　残卅下
一、馬タヲリ廿五　中

一所山王前一反内　上卅　中廿
一所小山田十　常荒也

已上三反卅内常荒廿五

定田三反五内上卅　分米二斗七升
中卅五　分米二斗九升七合
下一反卅　分米三斗六升八合

已上米玖斗参升五合

智善名

一所ヌマ一反十五内新河廿五　残卅上
一、小山田一反五内荒山神田一反　残五中
一、ノ中十五常荒也

一、二反《山王前》卅五内 上卅五　中一反　下一反　一、一反《中ソ子》常荒也

已上六反廿内 荒山神田一反　新河廿五　常荒一反十五

定三反卅内 雑免一反廿五　中一反五　下一反　分米八斗四升　分米三斗六升三合　分米二斗三升

已上米一石四斗三升三合

同（末）末重名

一所一反《ヌマ》五内 井新卅　残廿五上　一、十《同所》下

已上一反十五内 井新卅　上廿五　下十　分米二斗二升五合　分米四升六合

（異筆）「」已上米二斗七升一合

権三郎名一所一反《小山田》五中　分米三斗六升三合

西貞光名一所一反《クホタ》廿五内上卅 下廿五 元河廿 分米二斗七升○四に重ね書 分米一斗一升「五」合

上

(異筆)「●」已上米柒斗四升八合

正末行名

(末)一所二反内《竹原》番頭免一反 残一反中　一、一反《伊垣下》常荒也　一、十五《ノ中》下

一、十《イカキノ北》中

同末行名

(末)一、卅五《イモシヤ》上　一、一反五《ミソロ》下　一、五《下カウタ》中

一、一反十《クヒツ》中　一、卅五《中ソ子》下　一、廿《川キハ》中

行守行宗名

一、卅五《イカキ元》上　一、十五《住東》上　一、一反十内《住前》講田一反 残十上

已上一町五代内常荒一反　番頭免一反　講田一反

本河成

定田七反五内上一反卅五　分米八斗五升五合
　　　　　　中一反卅五　分米九斗五升七合
　　　　　　下一反十五　分米五斗二升九合

已上米弐石参斗四升壱合

(末)末松名

一所《高木》一反十五内元河卅五
　　　　　　　　　　新河卅
一、《コせ元》卅五新河也
一、《下カウタ》一反五中

一、《ツノフチ》一反内井新十五
　　　　　　　残卅五上
一、《下カウタ》卅五　番頭免
一、《下カウタ》廿内番頭免五
　　　　　　残十五井新

已上五反廿内番頭免一反　井新卅　元河・新河一反十五

定一反卅内上卅五　分米三斗一升五合
　　　　　中一反五　分米三斗六升三合

已上米六斗七升八合

真蔵名

一所卅《サクラタ》　上
一所《クニシマ》二反内上一反
　　　　　　　　中一反
一、《東柿坪》二反内上一反
　　　　　　　中一反

一所卅上《フナテ》
一所《川キハ》二反卅五内不卅五
　　　　　　　　　残二反下
一、《川キハ》一反卅五下

一、三反山王前内中一反廿五
　　　　　　　　下一反廿五
一、二反ナヲタ五内番頭免一反
　　　　　　　　残一反五上
一、一反シリヒロ廿内講田一反
　　　　　　　　残廿中

一、二反コセ元卌内元河十
　　　　　　　　若狭寺免廿五
　　　　　　　　上二反中五
一、一反夕井五中

已上二町廿内講田一反　若狭寺免廿五　番頭免一反
　　　　　　元河十　不卌五

定一町七反内雑免六反卅五　分米三石七斗五升二合
　　　　　　中五反五　　分米一石六斗八升三合
　　　　　　下五反十　　分米一石一斗九升六合

「◯」（異筆）已上米陸石「六斗参升壹合」（◯墨圏抹消）
　　　　　　（異筆）「七斗九升六合を（落）として候を入候、」

吉真名
一所一反子ヤノモリ廿五内元河卅五
　　　　　　　　　　新河卅
一所卅乙行岡成
一、卌内コイノ南新河十五
　　　　　　残廿五中
一、廿小山田井析
一、十五下クホタ
一、一反サクラタ五内講田一反
　　　　　　　残五上
一、一反西竹原大僻宮神田
一、廿五中下カウタ
一、卌五中北竹原

堂免

一、廿五東ハシツメ堂免　　一、卅中ソ子下　　一、卅山王前下
一、二反十内コせ元　新河廿五
　　　　　　　　　　岡成一反十
　　　　　　　　　　井新十
　　　　　　　　　　残十五上
已上一町一反内　大僻宮御神田一反　講田一反　堂免廿五
　　　　　　　　井新卅　元河・新河二反
定田三反卅内上廿　　分米一斗八升
　　　　　　中一反卅五　分米六斗二升七合
　　　　　　下二反廿五　分米三斗四升五合
（異筆）「●」已上米壱石壱斗五升二合
（附箋）「二石四斗一升六合荒田不審」

包貞名
一所卅住未申　岡成　　一所一反十五住内　元河卅
　　　　　　　　　　　　　　　　　　　　岡成廿五　　一、廿五コせ元中
一、十コせ元中　　一、二反十小山田中　　一、二反十内上山本　上卅
　　　　　　　　　　　　　　　　　　　　　　　　　　中卅

一、トヲ山田 二反内 上廿五 中一反 下廿五　一、小山田 卅五上　一、中ソ子 十五下

已上捌段内 本河卅 岡成一反五

定六反五 上一反卅 中三反廿五 下卅　分米八斗一升 分米一石一斗五升 分米一斗八升四合

已上米二石一斗四升四合

是藤名

一所 カワシマ 二反五内 井新卅 中一反 下廿五　一所 桃元 二反内 中一反廿 下卅　一、シタヲサ 一反卅 上卅五 中卅五

一、東ハシツメ 三反内 神田二反 講田一反　一、丁田 五反廿内 番頭免一反 残四反廿内 上一反 中一反 下一反廿　一、東柿坪 一反五上

一、アラキ 四反内 上一反 中二反 下一反　一、中ソ子 二反 常荒也

已上弐町壱反廿内 常荒二反 井新卅 神田二反 番頭免一反 講田一反

定壱町四反卅内　雑免四反上　分米二石二斗四升
中七反十五内　雑免三反　残四反十五　分米一石三斗二升　分米一石四斗一升九合
下三反廿五　分米捌斗五合

已上米五石七斗八升四合

藤次郎名

一所《桃元》一反十八歩上

一、一反《クニシマ》　上廿五　中廿五

一、一反《丁田》十五　上卅　中卅五

一、二反《アラキ》廿五　上一反　中一反　下廿五

已上五反卅代十八歩内　上三反五代十八歩　中二反十　下廿五　分米一石四斗一升七合五勺　分米七斗二升六合　分米一斗一升五合

已上米二石二斗五升八合五勺

重清名

酒田
神子田

一、一反《モヽノ元》上

已上四反廿内 上三反内 雑免一反 分米五斗六升 残二反 分米九斗 中一反廿 分米四斗六升二合

已上米一石九斗二升二合

一、二反《丁田》上一反 中一反

一、一反《東ハシツメ》廿内 上一反 中廿

権太安枝名

一、一反《タイ》卌内 井新卌 残一反十中

一、一反《タイノメ》五 上廿五 中卌

已上陸段内 講田一反 井新卌 上卌 中三反卌 分米三斗六升 分米一石一斗八升八合

已上米一石五斗四升八合

一、一反《ヲリハミ》十五内 講田一反 残十五上

一、一反《カタフケ》卌中

有光名

一所三反五《カシワテ》酒田

一、卌内《下クヒツ》 酒田五 残卌五下

一、五反内《フナテ》 神子田一反 残四反内 中二反 下二反

一、一反《クニシマ》中　一、二反《ムナモチ》卅内 酒田一反卅 残一反番頭免　一、五反《平田》廿五内 中一反廿五 下四反

已上壱町八反十内 酒田五反　番頭免一反　神子田一反

定一町一反十内 中四反廿五 下六反卅五　分米一石四斗八升五合 分米一石五斗四升一合

同藤次郎名

一所一反十八歩《モヽノ元》上　一、一反十《クヒツ》中卅 下卅　一、五《東ハシツメ》上

一、一反《アラキ》中卅 下廿　一、一反十五《丁田》上卅 中卅五

已上四反卅代十八歩内

上一反卅五十八歩内 雑免一反 残卅五十八歩　分米五斗六升 分米三斗三升七合五勺

中一反卅五　分米六斗二升七合

下一反　分米二斗三升

守恒名

一、一反《中スカ》卅内 岩蔵御神田卅 残一反 上廿五 中廿五　分米二斗二升五合 分米一斗六升五合

已上米五石壱斗七升五勺

秋次名

一、二反《ミハリ》十内 上廿五 中一反卅五
一、三反《井田》廿五内 上一反廿五 中二反

已上五反卅五内 雑免壱反 上一反 中三反卅五
分米五斗六升
分米四斗五升
分米一石二斗二升壱合

已上米弐石二斗三升一合

得善名

一、二反《イタ》廿内 上一反 中一反 下廿
一、二反《アラキ》十五内 上一反十 中一反五

已上四反卅五内 上一反十 中二反五 下廿
分米九斗九升
分米六斗九升三合
分米九升二合

已上米一石七斗七升五合

重行名

職事給

一、五 カマノ口 上〃

一、一反十内 中ソ子 常荒廿 残卅下〃

一、十 中ソ子 常荒也

一、一反十五内 ノ中 常荒十五
残一反 中廿五 下廿五

一、卅 カリアツマリ 職事給

一、一反 コミ山シリ 職事給

一、十五内 宗正ヲク 職事給十
残五中

已上「田」四反卅五内 常荒卅五　職事給二反
○米に重ね書

定二反内 上五 中卅 下一反十五
分米四升五合
分米一斗玖升八合
分米二斗玖升玖合

「(異筆)〔略押〕」已上米五斗四升三合

行貞名

天満御神田

一、一反 古住下 中〃

一、一反 同所 中〃

一、一反 同所上 中〃

一、十 雨内 不也

一、一反内 カリアツマリ 中廿五 下廿五

一、一反五 同所 中卅 下廿五

一、一反卅内 ハチノヲ 天満御神田一反
残卅中

一、コミ山シリ一反廿 中卅五 下卅五

一、古住下一反十五 上卅 中卅五

一、中ソ子廿五 下末（未）高名入候了、

已上一丁十五内 天満宮御神田一反　不十

定田玖段五内
上卅　分米二斗七升
中六反十五　分米二石七升玖合
下二反十　分米五斗六合

已上米弐石八斗五升五合

同行貞名

一、イカキノ元卅 岡成也

一、同所一反中

一、行弘住五　新河也

一、同所卅　岡成

一、カリアツマリ一反内 中廿五 下廿五

一、古住下一反卅五内 番頭免一反 残卅五上

一、古住下一反 講田

一、コミ山シリ卅内 不十 下廿

一、同所上一反中

一、イカキノ西廿　岡成也

已上八反十内 講田一反　岡成一反卅　不十　新河五

定五反十五内 上卅五 中二反廿五 下卅五　分米四斗五合 分米八斗二升五合 分米二斗七合

已上米一石四斗三升七合

真貞名并国貞・王四郎

一、一反 桃元 神田

一、六反内 キツ子 上二反 中三反廿　井新卅

一、廿五上 サクラタ 王四郎名

一、一反廿内 カワシマ 中一反 下廿　国貞名

已上八反卅五内 神田一反　井新卅

上二反廿五　分米一石一斗二升五合

中四反廿　分米一石四斗五升二合

下廿　分米玖升二合

已上米弐石陸斗六升玖合

行弘名

一、一反内 住内所々合 岡成五 残卅五上

一、卅五内 ノ中 常荒廿 残十五下

一、一反 イカキ西 中

一、一反十五内　中ソ子　常荒卅五　残卅下

一、五　イカキノ西　中

已上四反五内　常荒一反五　上卅五　中一反五　下卅五
岡成五　分米四斗五合　分米三斗六升三合　分米二斗七合

已上玖斗柒升五合

近貞名

一、一反廿五内　介光住　常荒十　残一反十五中

一、十五　カマノ口　中

一、廿五　同所ヲク　上

一、十五　同所　岡成

一、二反十内　住内　岡成一反　残一反十中

一、廿　住未申　岡成

一、廿　住　岡成

一、一反十下　中ソ子

一、卅　宗正未申　下

一、二反内　ヲ■　　■　井析卅　残一反廿　中卅　下卅

○附箋断簡あり

已上玖反卅内　井析卅　常荒十　岡成二反五

定六反卅五内
上廿五　分米二斗二升五合
中三反卅　分米一石一斗八升八合
下二反卅　分米五斗玖升八合

(異筆)「●」已上「米」(○附箋あと)弐石壱升壱合

近守名

一、十ハチノヲ 上
一、一反ハチノヲ 上

一、一反五宗正西 下
一、一反十住ヲク 中

一、卅五内同所 常荒十 残卅五下
一、三反廿内住下 神田卅

残二反卅内 上一反 中卅五 下十五 円仏
残卅中 藤大夫

一、廿五下カウタ 上　恒清名

已上八反十五内 神田卅　常荒十

定七反卅五内
上二反卅五　分米一石二斗一升五合
中二反卅五(ママ)　分米八斗九升一合
下二反「五」○十五に重ね書　分米「四」○五に重ね書斗「八」○二に重ね書升「参」○九に重ね書合

屋敷

「（異筆）〇」已上米弐石五斗捌升玖合

宗正名

一、五反内《竹下》　神子田一反
　残四反　上一反　中一反廿五　下一反廿五
一、卌五《カリアツマリ》　中廿　下廿五
一、十五《中ソ子》常荒也

一、一反《中ソ子》下
一、五《ノ中》常荒也
一、二反《山王前》　中一反　下一反

一、四反卅内《住内》　常荒卅五　屋敷付卅
　残三反五内　上一反　中一反　下一反五

已上一町三反卅五内　神子田一反　常荒一反十五　屋敷付卅

定一町一反内　上二反　中三反卅五　下五反五
　分米玖斗
　分米一石二斗八升七合
　分米一石一斗七升三合

已上米参石参斗六升

一佃分

一、一反《中スカ》中　増得
一、五反内《ミタ》　中二反廿五　下二反廿五　又三郎

土器免

一、北竹原二反内 中一反 下一反　紀大夫　一、西竹原三反内 中二反 下一反

一、東竹原三反内 中二反廿 下卅　一、南竹原四反内 土器免一反 残三反 中一反廿五 下一反廿五　紀大夫

一、同所二反 中一反卅 下廿　一、西竹原一反内 中廿五 下廿五

一、東竹原二反内 中一反卅 下廿　一、同所一反内 中廿五 下廿五

已上弐町四反内 土器免一反

中一町四反卅　分米(ママ)

下八反十　分米(ママ)

(附箋)「アマリ一石二斗八升二合 十石一斗三升八合」　(附箋)「十一石四斗二升」

一拾陸名斗代事

合

近元名

一所一反卅内 ヌマ　岡成廿五「不也」（○荒に重ね書）
残一反五中
一｜卅上 東ハシツメ
一、廿 下カウタ 中

一｜一反五内 下カウタ　神子田一反
残五上
一｜卅 カシワテ 中
一、一反十内 ヲリハミ 上卅 中卅

一｜一反卅内 東ハシツメ　神田一反
残卅上

已上七反卅五内　神田一反　神子田一反
岡成廿五不也

定五反十内　上二反十五　分米一石四斗四升九合
中二反卅五　分米一石三斗玖升二合

已上米弐石捌斗四升壱合

国近名
一｜卅 ヌマ 中
一｜一反廿 ツノフチ 中
一｜卅 高木 新河也
一｜五 山王前 下
一｜五 シ水前 中
一｜五 ナラワラ 岡成也
一｜一反 ヒノロ 上

荒屋

已上三反卅五内 新河卅 岡成五

定三反十内 上二反 分米六斗三升
中二反五 分米一石八合
下五 分米三升七合

已上米壱石柒斗一（ママ）升五合

包延名

一 丨五《子ヤノモリ》新河也

一 丨卅《サクラタ》 上

一 丨一反十内《ミノフチ》 中卅 下卅

一 丨十五《同所》新河也

一 丨一反廿五《川キハ》中

一 丨一反《西乙行》荒屋也

已上四反卅五内 新河廿 荒屋一反

定三反廿五内 上卅 分米五斗四合
中二反五 分米一石八合
下卅 分米二斗二升二合

已上米壱石柒斗参升四合

西光貞名

一 丨卅《ヌマ》 神田

一 丨一反十《サクラタ》上

一 丨*「一反」《西ハシツメ》中

○一反に重ね書

一〵丨卅五《下カウタ》内中〵廿 下廿五　一〵丨一反十五《カシワテ》中〵　一〵丨一反廿五《九反田》上〵
一〵丨十五《イモシヤ》元新河　(異筆)「一丨卅下《宗正北》」

已〵上七反廿内神田卅　元〵河十五
定〵六反廿五内上〵一反卅五　分〵米一石七斗一合
中〵一反卅五　分米一石二斗玖升六合
下〵一反五　分米四斗七合
已〵上米参石四斗四合

時〵延名
一〵丨卅内《ヘノツホ》岡〵成十 残廿中　一〵丨三反《下カウタ》廿内大〵僻神田一反廿五 残一反卅五中　一〵、十五《山王前》下〵
一〵丨一反《住内》廿五内新〵河一反十 元河十五　一〵丨二反五《馬タヲリ》下〵　一〵、卅《カリアツマリ》中
一〵丨十五《イモシヤ》新〵河也　一〵丨五《松原》新〵河也

給分

已上八反卌五内 神田一反廿五　元河「卌五」(○一反十に重ね書)　新河「一反十」(○卌五に重ね書)
岡成十

定五反「十」(○廿に重ね書)五内 中二反卌五　分米一石三斗玖升二合
下二反廿　分米八斗八升八合

(異筆)「◆」已上米弐石「弐」(○柒に重ね書)斗八升

延里名

一｜卌《ヌマ》神田
一｜二反*「ヲリハミ」上
一｜廿《中ソ子》下給分

一｜二反《西ハシツメ》廿内 中給分一反五
残一反十五中
一｜卌《イモシヤ》新河也
一｜一反《川キハ》廿 中卌五
下卌五

一、一反《西柿坪》内 給分卌五
残五上
一、廿《雨内》中
一、廿《馬タヲリ》内 給分五
残十五下

已上玖段十内 神田卌　新河卌　給分二反廿五

定五反廿五内 上二反五　分米一石三斗二升三合
中二反廿　分米一石一斗五升二合

下〻一反　分〻米三斗七升

已〻上米弐石捌斗四升五合

秦〻五名

一〻ー一反十内 チクマ 新〻河十五 残卅五岡成　一〻、一反五内 サクラタ 神〻田一反 残五上〻　一〻ー一反廿 田井 中〻

一〻ー十五 クホタ 下〻　一〻、廿五 中ソ子 下〻

已〻上四反廿五内神〻田一反　新〻河十五　岡〻成卅五　分〻米二斗七升

上五　分米六升三合

中一反廿　分米六斗七升二合

下卅　分米二斗玖升六合

已〻上米壱石参斗壱合

包〻（末）末名

一〻ー廿五 恒末（末）住東 中〻　一〻ー十 コセ元 中〻　一〻ー五 ムレサカエ 新〻河也

一〻ー十 内小山田 中〻　一〻ー二反五内 サクラタ 上〻一反 中一反五　一〻ー一反 カシワテ 中〻

一、一反《シ水前》神田

已上五反五内 神田一反　新河五

上一反　分米六斗三升

中三反　分米一石八斗九升

（異筆）「〇」已上米弐石五斗二升

清元名

一丨十五《セウキ》新河也

一丨十五《ミツクリ》下

一丨一反内《コセ元》新畠廿五 新田廿五中

一丨一反五上《ヲリハミ》

一、廿《サクラタ》上

一、十五中《シ水前》

一、廿《タカキ》新河也

已上三反卅内 新河卅五　新畠廿五

定二反卅内 上一反廿五　分米玖斗四升五合

中卅　分米三斗八升四合

下十五　分米一斗一升一合

大僻宮修理田

已上米壱石四斗四升

包真名

一 西竹原 一反十 中
一、住内 一反五 神田一反 残五上
一、同所 十五 新河也
一、中ソ子 一反十 下
一、ミツクリ 卅 下
一、住内 一反廿 元河・新河一反十 残十上
一、中ソ子 一反廿五 下
一、山王前 十五 中
一、ヲリハミ 二反廿五 上二反 中廿五
一、タカキ 十 新河也
一、シ水前 一反十内 中卅 下卅
一、ナラワラ 卅 上

已上一町二反五内 神田一反 新河・元河一反卅五
定玖反廿内 上二反卅五 分米一石八斗二升七合
中二反卅 分米一石二斗四升八合
下三反卅五 分米一石四斗四升三合

已上米肆石五斗壱升八合

吉正名

一 下カウタ 廿 大僻宮修理田
一、同所 二反廿 神田
一、東ハシツメ 一反卅内 上一反 中卅

一｜二反十内 大僻宮前　神田卅　新河卅　残一反上　一、十 北土井　神田

已上六反卅内　神田三反卅　新河卅

上二反　分米一石二斗六升

中卅　分米二斗八升八合

已上米一石五斗四升八合

貞恒名

一｜一反 カシワテ 上　一｜一反廿五 同所 中　一、一反 川シマ 上

一｜一反卅内 東ハシツメ 中一反廿 下廿　一｜卅五 木原 上　一、十 ナカレタ 岡成也

已上六反十内 岡成十

上二反卅五　分米一石七斗一合

中二反卅五　分米一石三斗九升二合

下廿　分米一斗四升八合

已上米参石弐斗四升一合

貞延名

一｜二反《せウキ》卅五内新河一反卅五　残一反上　一、十五《山王前》中　一、十五《シ水前》中

一｜十五《中ソ子》下　一、卅《竹下》下　一、卅《上カウタ》中

已上五反十内元河・新河一反卅五
上二反　分米六斗三升
中一反廿　分米七斗三升二合
下卅五　分米三斗三升三合

已上米一石六斗玖升五合

末方名（末）

一｜十《クホタ》下　一｜一反《林下》廿内中卅五　下卅五　一、十《ツノフチ》上

一、十《イモシヤ》新河也　一、卅五《中ソ子》不也

已上二反卅五内新河十　不卅五

已上米八斗五合

上十　分米一斗二升六合
中卅五　分米三斗三升六合
下卅五　分米三斗四升三合

吉守名

一、一卅五内（住前）新河十五　残卅上
一、一反（川ムカエ）新河也
一、三反五内（中田）新河十五　残二反卅「内」（○五に重ね書）　上卅　中二反　下「十」（○十五に重ね書）
一、一二反十内（下垣内）新河二反　残一反十内　上卅　中卅

已上七反十「五」（○内に重ね書）内　元河・新河二反「卅」（○卅五に重ね書）

上一反卅　分米一石一斗三升四合
中二反卅　分米一石二斗四升八合
下十五　分米「一斗一升」（○七升四合に重ね書）一合

（異筆）「（花押）」已上米弐石四斗「玖升三」（○五升六に重ね書）合　三

斗代

（未）
未重名

一、二反十内 サカテ谷
新河廿
残一反卅内 田卅下
残一反十荒也

一、卅五内 吉守住下
新川五
残卅五上

一、一反 中田
上卅
中十五
下五

一、十 カメフチ
新川也

一、二反内 大ハタ
新川一反卅
残十岡成

一、卅五 中ソ子
新川也

一、廿 ツエノシリ
新川也

一、一反中 サカ子

一、卅内 ホソタ
新川十
残廿上

一、廿内 ユノ木元
新川五
残十五下

已上玖反廿内 元河・新川三反卅五　荒一反十　岡成十「分米六升」（附箋）

上一反卅五　分米一石七升五合
中一反十五　分米六斗二升四合
下一反　分米三斗七升

已上米弐石六升九合

合

一重藤名斗代事

（○は重ね書）

仏道門屋
一｜一反住内廿内 新川十五／残卅五中 岡成廿　一、十上門屋　一｜二反クヒツ 中一反廿五／下廿五
一｜卅五ユノ木元 新川五／残卅上　一、一反廿番匠垣内 岡成
已上五反卅五内 新川廿／岡成一反卅　分米五斗四升　但三斗代也、
上二反　分米六斗三升
中二反十　分米一石五升六合
下廿五　分米一斗八升五合
已上米弐石四斗七《壱》升一合

善阿
一所一反ワカハヤシ 中　一、一反十五上マメクリ
已上二反十五内 上一反十五　分米八斗壱升九合
中一反　分米四斗八升
已上米壱石弐斗九升九合

平太夫

一〃｜一反アセタ十五上〃　　一〃、卅番匠垣内岡成〃　　一〃、一反山王前中〃

已〃上三反五内岡成〃卅
上一反十五　分米二斗四升〃
　　　　　　分米八斗一升九合
中一反　　　分米四斗八升

已〃上米一石五斗三升九合

六〃郎太夫

一〃｜一反住内上〃　　一〃、卅番匠垣内岡成　　一〃、二反カイ元上〃一反
　　　　　　　　　　　　　　　　　　　　　　　　　　　中一反

已〃上三反卅内岡成〃卅
上二反　分米二斗四升
　　　　分米一石二斗六升
中一反　分米四斗八升

已〃上米壱石玖斗八升

余〃七

一〃所一反ナシノ木垣内上〃　　一〃、二反番匠垣内十岡成〃

堀代

已上三反十内 岡成二反十 上一反　分米六斗六升 分米六斗三升

已上米壱石弐斗玖升

拾郎次郎

一、二反十 番匠垣内 岡成　一、卅 同所　一、一反廿 ナシノ木垣内 上

已上四反廿内 岡成三反 上一反廿　分米玖斗 分米八斗八升二合

已上米一石七斗八升二合

真末(末)

一所卅 北土井 中　一所二反五内 ツカサ山 新河一反 残一反上　堀代五

一、一反卅内 ヒノロ 上一反 中卅　一、一反 カシワテ 中　一、卅 木原 上

一、五 松原新田 上　一、一反 東ハシツメ 上　一、十 ナラ原 岡成

已上七反廿内 新川一反 岡成十　堀代五 分米六升

乙王丸

定六反五
上三反卅五　分米二石三斗三升「壱」合
（○一、五に重ね書）
中二反廿　分米一石一斗五升二合

已上米参石五斗四升三合
四〻　三〻

一所二反《北竹原》中

一、一反《西柿坪》卅中

一、二反内《上カウタ》
上一反
中一反

已上五反卅内
上一反　分米六斗三升
中四反卅　分米二石三斗四合

已上米弐石玖斗参升四合

弥次郎入道

一、一反《下クヒツ》中

一、一反《上カウタ》上

一、三反十《シリヒロ》
中二反
下一反十

一、卅《木原》上

已上五反卅内上一反卅　分米一石八合
中三反　分米一石四斗四升
下一反十　分米四斗四升四合

已上米弐石八斗九升二合

与三入道

一、卅内《ヘノツホ》神田十五
残十五中

一、五反《クホタ》上三反
中二反

已上五反卅内神田十五
上三反　分米一石八斗九升
中二反十五　分米一石一斗四合

已上米二石玖斗九升四合

中三郎

一、一反《上カウタ》上

一、一反《クホタ》上卅
中廿

一、三反《ニシカツホ》上一反
中二反

一｜廿五中

已上五反廿五内　上二反卅　分米一石六斗三升八合
　　　　　　　　中二反卅五　分米一石三斗九升二合

已上米参石三升

源十郎太夫（異筆）「今者紀十郎」

一丨一反十《住内》内　岡成卅荒也　残卅中　　一、一反《北竹原》中　　一、廿《中ソ子》下

一丨一反五《中ソ子》下　　一、卅《ミソロ》下　　一丨一反《せウキ》岡成

已上五反廿五内　岡成「卅」（○附箋あと）荒也

定四反卅五内　岡成一反　分米三斗
　　　　　　　中一反卅　分米七斗六升八合
　　　　　　　下二反十五　分米八斗五升一合

已上米壱石玖斗壱升玖合

又次郎入道

一、四反下カウタ 上二反
　　　　中二反

一、一反千原 中廿五
　　　　下廿五

已上五反内 上二反
　　　中二反廿五
　　　下廿五

分米一石二斗六升
分米一石二斗
分米一斗八升五合

已上米弐石六斗四升五合

孫太郎

一所一反五内ヲリハミ 講田廿五
　　　　残卅中

一、卅北土井 中十五
　　　　下十五

一、一反十内延行住二所合 岡成十
　　　　残一反 中廿五
　　　　　　　下廿五

一、十北土井 中

一、一反十中同所

一、卅上竹下

已上五反五内 講田廿五
　　　岡成十　分米六升

定四反廿内 上卅
　　　中二反卅
　　　下卅

分米五斗四合
分米一石三斗四升四合
分米二斗九升六合

已上米弐石弐斗四合
（異筆）「定一石一斗二升四合」

道代

堤代

又三郎

一、二反《カイ元》内講田廿五
残二反廿五内上廿五
中一反

一、十五《奥山》下

一、二反《ヒノロ》上一反
中一反

一、一反《ヘノツホ》五内道代五
残一反中

已上五反廿内道代五　講田廿五

定四反卅内上一反廿五
中三反
下十五

分米九斗四升五合
分米一石四斗四升
分米一斗一升一合

已上米弐石四斗玖升六合

紀太夫

一、三反《内小山田》内堤代十五
残二反卅五
中二反
下卅五

一、一反《上せウキ》　職事給

一、卅五《コせ元》上

一、廿《コせ元》　中

一、三反《ナカレタ》内岡成一反十
残一反卅内上卅
中一反

已上捌反五内〔職事給一反　堤代十五〕
岡成一反十　分米三斗六升
上一反廿五　分米九斗四升五合
中三反卅（ママ）　分米一石六斗三升二合
下卅五　分米二斗五升九合
已上米参石壱斗玖升六合

横四郎
一、三反《ナヲタ》〔上一反　中二反〕
一、二反《北竹原》中
已上五反内〔上一反　中四反〕　分米六斗三升　分米一石九斗二升
已上米弐石五斗五升

弥五郎
一、二反《クホタ》廿〔上一反廿　中一反〕
一、三反《カシワテ》〔上一反廿五　中一反廿五〕
已上五反廿内〔上二反卅五　中二反廿五〕　分米二石八斗二升七合（異筆）「壱石歟」　分米一石二斗
已上米参石二升七合

若狭

一　一卌五《九反田》上

　　已上二反卌五内　上二反廿　中一反廿五

　　　分米八斗八升二合　分米七斗二升

一、一反《クヒツ》中

一、一反内《上カウタ》　上廿五　中廿五

　　已上米一石六斗二合

少目

一、二反十《カタフケ》　上二反　中一反十

一、一反十《クヒツ》中

一、卌《山王前》　下

一、一反《松原》上

　　已上四(五)反内　上二反　中二反廿　下卌

　　　分米一石二斗六升　分米一石一斗五升二合　分米二斗二升二合

　　已上米弐石陸斗参升四合

又四郎

一、一反《イノサキ》廿五中　　一、十《住内》上　　一、一反《上せウキ》岡成

已上二反卅五内岡成一反　分米三斗
　上十　分米一斗二升六合
　中一反廿五　分米七斗二升

已上米壱石一斗四升六合

成円房

一、卅《北土井》中　　一、二反《ヒノロ》上一反 中一反　　一、卅五《竹下》上

一、一反《下カウタ》中　　一、一反《カシワテ》中　　一、五《松原》上（異筆）「今ハ真末（末）入候了、」

已上五反卅内　上二反　分米一石二斗六升
　中三反卅　分米一石七斗二升八合

重藤佃

一所五反《ヌマ》上　　一、一反《カウタ》上　　一、一反《ツカサ山》上　　一、「二」（○二に重ね書）反《北土井》内 堀代十 残卅中

已上米弐石玖斗八升八合

一、四反東柿坪上　一、六反九反田内上二反 中四反　一、卅東ハシツメ中　一、十五東門上

一、卅ヌマ上　一、二反セウキ内新河廿 残一反卅中　一、十コモ池南上

已上弐町弐反五内堀代十　新河廿

上一丁四反十五　分米「玖」石九合（○捌に重ね書）

中七反十　分米参石四斗五升六合

已上米拾弐石四斗六升五合

一色分

一、十上ナカレタ　分米一斗二升六合　孫七

一、廿上　分米二斗五升二合　介次郎

一、卌内門屋ヲク岡成廿五荒也

残十五中　分米一斗四升四合　正阿

已上米五斗二升二合

公文雑免

一所二反内《下せウキ》新河廿
残一反卅内当年新河一反
残卅中

一、一反《コせ元》中

一、一反卅内《ヌマ》元河十
残一反卅上一反
下卅

一、二反内《コせ元》新川十
残一反卅中

一、一反廿《ニシカツホ》中卅
下卅

一、廿五《西ハシツメ》中

一、四反内《ナカレタ》新河二反
残二反中一反
下一反

一、五反廿《内小山田》中二反廿
下三反

一、一反卅《千原》中一反
下卅

一、一反十《シ水前》中卅
下卅

一、二反《東ハシツメ》上

一、二反《ニシカツホ》中

一、一反十《下カウタ》中卅
下廿

一、二反《下ヲサ》上

一、二反《下クヒツ》中一反
下一反

已上参町十五内新河三反卅　元河十
上五反　分米二石六斗五升
中一丁三反十五　分米五石五升四合
下八反十　分米二石二斗一升四合

已上玖石玖斗一升八合

公〻文〻給分

一所三反ヌマ　　一、一反北土井内堀〻代十 残卅　　一、六反高松卅内新〻河卅 残六反

一〻、二反雨谷　　一〻、一反竹〻原　　一〻、一反ナヲタ卅〻

一〻、一反コセ元　　一〻、一反西竹原　　一〻、二反カタフケ　卅〻五

已〻上二町（ママ）

右〻太（大）略、注進如件、

暦〻応弐年八月　日

田所（脇田昌範）（花押24）

公文（藤原清胤）（花押25）

預所

「（異筆）一公田　拾陸名　重藤名

惣都合米弐百弐拾伍石単定云々、

暦応弐年八（七）月廿八日帳前

此帳面弐百弐拾捌石玖斗捌升四合単定」

切田

伊予寺主

五　山城国拝師庄田数坪付并斗代注文土代

（続紙一〇紙）（三一・一×四六〇・八）

注進　山城国紀伊郡東寺御領拝師御庄田数坪付事、（正文）「并斗代」

合

角神田里

肆坪

*「切田」弐段　（正文）「分米弐石肆斗」　寺内石鶴丸

*「同」壱段　（押紙）「分米一石二斗」　西九条松房

参拾参坪

*「切田」肆段　（正文）「分米肆石捌斗」　西九条伊予寺主（良快）

半　「分米六斗」　西九条六郎入道

参拾陸坪

壱段半　「分米一石八斗」　西九条松房

幢里(幡鉾里)

弐坪

*「切田」壱段　「分米一石二斗」　鳥羽平八入道

半　「分米六斗」　同

半　「分米六斗」　同

伍坪

半　「分米六斗」　西九条右近太郎後家

(附箋)「号新田〃〃〃

十二坪一反「号新田」(正文)分米六斗　鳥羽彦三郎」

拾参坪

*「切田」壱段　「分米一石二斗」　東九条藤次

*「同」壱段　「分米一石二斗」　東九条藤九郎

*「同」
壱段　「分米一石二斗」　西九条右近太郎後家
*「同」
壱段　「分米一石二斗」　寺内兵衛入道
拾陸坪
壱段半　「分米一石八斗〇正文「玖斗」」　無量寿院御免〇正文「無量寿院御免」なし　八条壬生大和六郎
拾柒坪
*「御舎利田」
壱段　「分米一石一斗」　預慶蓮
弐段　「分米二石四斗」　西山御免
拾捌坪

---

*「切田」
壱段　「分米一石二斗」　西九条松房
拾玖坪
*「御舎利田」
壱段　「分米一石一斗」　預慶蓮

御舎利田
預慶蓮

預乗南

八幡田
預浄円

---

*「同」壱段　「分米一石一斗」　預乗南(乗音)
弐拾肆坪
参佰歩　「分米一石」　東九条藤次
参拾坪
*「切田」壱段　「分米一石二斗」　寺内太夫三郎
半　「分米六斗」　寺内兵衛入道
(附箋)○前一行の上にあり
「卅一坪　一反分米一石二斗　西九条松房
一反当時用途四百文　西九条六郎入道」
参拾参坪
*「八幡田」壱段　(正文)「分米壱石壱斗」　預浄円(円良)
*「御舎利田」壱段　「分米一石一斗」　預乗南
参拾陸坪
(正文)「下司給」壱段半　「分米一石」　孫四郎

下司給
壁掃部

（附箋）「下司給」壱段　「分米一石二斗」　東九条十郎入道
壱段　「分米一石二斗」　壁掃部
（附箋）「下司給」壱段　「分米一石二斗」　寺内浄照
真幡木里

伍坪
＊「切田」壱段　「分米一石二斗」　鳥羽四郎
捌坪
大　「分米八斗」　鳥羽忍阿弥
＊「切田」参段　「分米三石六斗」　竹田与三入道
壱段半　（正文）「分米壱石捌斗」　東九条左衛門次郎入道
○この押紙は次行のものであり、正文では「弐石肆斗」となっている
弐段　「分米一石二斗」　樋口本阿弥

弐段　　　　鳥羽十郎

玖坪

弐段　「分米二石四斗」　鳥羽馬次郎入道

＊「切田」壱段　(正文)「分米壱石弐斗」　鳥羽十郎

＊「御舎利田」壱段　「分米一石一斗」　預乗南

＊「同」壱段半　「分米一石六斗五升」　預慶蓮

拾坪

壱段　「分米一石二斗」　鳥羽馬次郎入道

拾弐坪

大　「分米七斗」　鳥羽道忍

拾伍坪

壱段　「分米六斗」　同道忍

拾捌坪
参段　「分米三石六斗」　樋口本阿弥
拾玖坪
壱段　「分米一石二斗」　預慶蓮
壱段半　「分米一石八斗」　鳥羽六郎
参百歩　「分米一石」　東九条藤次
弐拾坪
*「御舎利田」
壱段半　「分米一石六斗五升」　預乗南
*「同」
壱段半　「分米一石六斗五升」　預慶蓮
*「八幡田」
壱段　「分米一石二斗」　預浄円
弐拾肆坪
弐段　「分米一石二斗」　鳥羽道忍
壱段　「分米六斗」　忍阿弥

弐拾玖坪

壱段　「分米一石二斗」　竹田衛門三郎

弐段　「分米二石四斗」　預乗南

*「御舎利田」
半　「分米五斗五升」　同

壱段　「分米一石二斗」　預慶蓮

壱段　「分米一石二斗」　西九条右近太郎後家

参拾参坪

大　「分米六斗」　竹田七郎入道

跡田里

拾捌坪

壱段　「分米七斗」　鳥羽道忍

拾玖坪

弐段　○正文では「壱石捌斗」となっている「分米一石三斗」　寺内石鶴丸

弐拾玖坪

*「切田」弐段　「分米二石四斗」　竹田五郎左衛門尉

弐段内一反河成　(正文)「分米壱石弐斗」　竹田与三入道

壱段内小河成　「分米八斗」　竹田四郎

大　「分米五斗六升二合」　東九条淡路房

参拾坪

弐段　○正文では「壱石参斗」となっている「分米一石八斗」　同

須久田里

拾捌坪

壱段陸拾歩　「分米一石四斗」　竹田七郎入道

参段参百歩河成

穴田里

伍坪

壱段　「分米一石二斗」　竹田四郎

壱段半　「分米一石八斗」　西九条松房

（正文附箋）「百姓竹田彦六、円林カムコ（婿）付落歟間、

穴田里五坪　大　押紙致沙汰也、」

柒坪

弐段　「分米二石四斗」　東九条大夫次郎

（附箋）「下司給」

壱段　「分米一石二斗」　紀六

（附箋）「下司給」

弐段　「分米二石四斗」　孫四郎

伍段　「当時銭一貫六百文弁之」（○正文「弁之」なし）　西九条六郎入道

拾参坪

壱段　「分米一石」　竹田但馬房

讃岐寺主

拾肆坪
弐段　「分米二石四斗」　竹田中次入道
拾柒坪
*「切田」
弐段　「分米二石四斗」　東九条市次郎入道
*「職事給」
弐段　「分米二石四斗」　東九条讃岐寺主
壱段　「分米一石二斗」　鳥羽道忍
社里
拾坪
参百歩　「分米一石」　東九条藤次
拾伍坪
弐段参百歩　「分米二石二斗五升」　東九条大夫次郎

弐拾坪

壱段　「分米一石一斗」　富小路大蔵
壱段　「分米一石一斗」　孫四郎
弐段　「分米二石一斗」　寺内石鶴丸
鳥羽手里
肆坪
半河成　西九条松房
半　「分米六斗」　東九条左衛門次郎入道
捌坪
*「切田」参段　「分米三石六斗」　東九条藤九郎
拾坪
*「切田」参段　「分米三石六斗」　東九条藤次
*「同」壱段　「分米一石二斗」　東九条左衛門次郎入道
*「同」壱段　「分米一石二斗」　讃岐寺主

弐拾弐坪
(附箋)「下司給」弐段　「分米二石四斗」　東九条釈迦二郎入道
(附箋)「下司給」弐段　「分米二石四斗」　富小路大蔵
壱段半　「分米一石八斗」　孫四郎
(附箋)○次の二行の上にあり
「已上壱町下司給内有二段職事給、別給二段職事給者、一町下司給外也、
而親安動混申之条無其謂、有沙汰被弃捐、所被給公平也、仍為一旦寺恩、被預浄円、」
壱段　「分米一石二斗」　糠辻子七郎
壱段　「分米一石二斗」　信濃小路源五郎
*「切田」壱段　「分米一石二斗」　同
三木里
肆坪
弐段　「分米二石」　梅小路帥房
飛鳥里

参拾陸坪
壱段半内弐百七十歩 河成　「分米九斗」　鳥羽六郎
壱段内半河成（押紙）「半」　「分米六斗」　鳥羽馬次郎入道
上津鳥里
拾玖坪
参段半　道忍（正文）「当時押領云々、」
参拾弐坪
*「切田」壱段　「分米一石二斗」　鳥羽金王太郎後家
*「同」参段　「分米三石六斗」　鳥羽道忍
参拾参坪
弐段　「分米一石二斗」　鳥羽六郎
永田里
拾弐坪

肆段　「分米三石二斗」　竹田源五郎

菟田里

拾陸坪

陸段　「分米四石八斗」　同源五郎

已上田数拾伍町○伍段内に押紙にて重ね書「八反　分米百五十二石七斗一升二合歟内」

除

参段半　道忍

陸段参百歩　河成

弐段　「二石四斗」　西山御免

已上壱町弐段百伍歩

諸給別納分

弐段　八幡御供

壱町「十一石」　御舎利御供

参町陸段「四十三石二斗」　三供御分

壱町「十一石二斗」　下司給 職事給 加定

弐段「二石四斗」　職事

已上陸町「分米六十九石九斗（九斗）（■■ミミ）歟」

残田数捌町弐段弐佰拾歩

「五反二百十歩歟内 六反用途二貫文弁之、 七丁九反二百十歩　分米八十二石四斗（二斗）一升二合内、無量寿院御免加定、」

右、注進如件、

暦応参年十一月　日

下司左衛門尉宇治（石井）政安

○この文書の分米高は、すべて押紙が用いられているが、押紙七枚が剥脱している。また、この文書をもとに浄書し、下司石井政安が署判を加えたと推定される正文が、「ヒ函」四二号文書である。押紙の剥脱部分と数量の異同を正文によって補った。また、正文の漢数字は正字を基本としているが、用字の異いは校訂の対象とはしなかった。

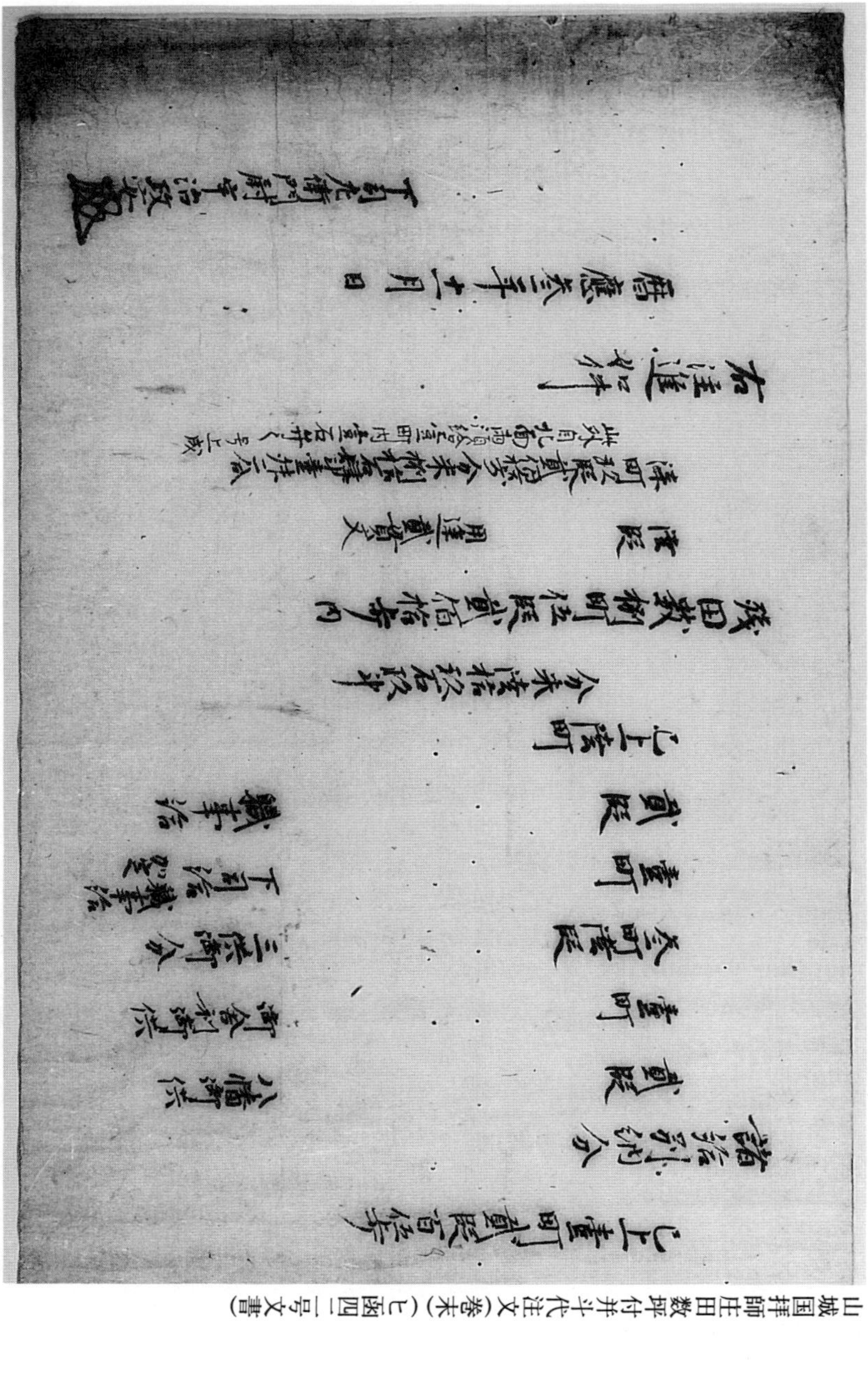

山城国拝師庄田数坪付并斗代注文（巻末）（と函四二号文書）

荒

元岡成

在家

六　播磨国矢野庄西方畠并栗林実検名寄取帳

（続紙三五紙）（三〇・〇×一、四四九・二）

（端裏書）
「京」

注進、

東寺御領播磨国矢野庄（赤穂郡）西御方貞和元年畠実検』名奇（寄）取帳事、

合

貞次名畠分

一所住東一反出廿　正阿　　　一所住内六反卅五（代脱）出一反十五

一｜（所）ユノ木元五　荒也　　　一｜住西卅　無十五正阿　残廿五

一｜住前一反出十五　元岡成　　　一｜セ井ノヲ卅五元岡成

一｜セ井ノヲ一反廿元岡成　　　一｜セイノヲ卅二所合　出一反五

已上一町二反廿五内荒無廿　在家付二反

別名下司給

堂敷

延永名

定畠一町三反十内　元岡三反十五　出三反五加定

一｜住内二所合三反十五

一｜垣内林一反卅五

已上五反内　在家付二反

定畠三反

(末)末清名

一｜紀三垣内一反十

一｜住西卅　出五

一｜サクロ垣＊「内」卅　出廿

一｜堂ノ北一反十

一｜住内四反廿五内　一反廿　出五　即三反五　出十五

一｜住丑寅四反廿五　出卅

一｜スカ谷池替一反廿五別名下司給出候了、

一｜池南五荒也

一｜フチカサコ十五　不也

一｜スカ谷廿

一｜堂前一反五内　堂敷十　残卅五

一｜住「北」一反　出十

○内に重ね書

已上一町七反内 荒不廿　堂敷十　在家二反
残一町四反廿　出一反卅五

定一町六反五内 元畠一反廿五
出一反卅

助真名

一丨一反（中垣内）　　一丨卅（住内）

已上一反卅在家付也、

西善名

一丨一反廿出「十」（中垣内）（○廿に重ね書）　　一丨一反廿出十（同所）

一丨一反卅出十（垣内林）　　一丨十法橋（住内）

一丨三反十（垣内林）　　一丨十五即（住内）

一丨一反十即（住内）　　一丨一反十内比丘尼庵敷卅（住内）
残卅

楽蔵
比丘尼庵敷

一丨住東十内五代楽蔵
五代法橋
一丨住西ヨリ卅　楽蔵
已上一町。一反廿五内比丘尼庵敷卅　在家二反
残八反卅五　出卅
定九反廿五内出卅

延真弘真名
一丨せイノヲ二反廿
一丨住内十五出卅五
一丨住辰丑巳卅五出五
一丨住前廿
已上四反内在家付二反
残二反　出卅
定二反卅出加定

増得国元名
一丨伊垣卅五出五
一丨小林卅元延真歟、

一〻小河
一〻一反廿五
已上三反内河十
残四十　在家付二反
出五
定卅五出加定

一〻ナシノ木垣内
一〻十河也

種近名
常得名　一〻セイノヲ
一〻五反　三野寺
成恒名
一〻古住
一〻三反十出十
紀大夫
一〻古住
一〻三反十即
一〻真蔵住下
一〻十五夜叉女
一〻小山田
一〻十荒

一〻古住南
一〻十出五　夜叉女
一〻住丑寅
一〻一反内無十五
残一反卅五　夜叉女
一〻堂前
一〻一反内無十
残卅　夜叉女
一〻包末（末）東
一〻一反十五

已上一町「一反廿」（○十内に重ね書）内 荒無卅五 残八反卅五 在家付二反 出十五

定九反加出定

恒末（末）名

一｜十 ヲムヤウシ谷 荒也

一｜一反 住東

一｜廿荒也 小山田

一｜一反卅出五 住内

已上六反五内 河荒三反 残一反五 在家付二反 出五

定一反十加出定

智善名

一｜十河也 ヌマ南

河荒

一｜廿荒也 同所

一｜一反河也 下荒三

一｜一反荒也 馬タヲリ

一｜十五新畠 イモシヤ

一｜一反内 恒末（末）東 「不」（○無に重ね書）廿五 残廿五

已上一反十内 無河卅五 残廿五

(末)末重名

一 小山田 丨卅五 荒也　　一 同所 丨十五 荒也

(末)末行々宗名

一 荒神前 丨廿 行守歟、　　一 古住東 丨一反廿五

一 住東 丨廿五 行宗歟、　　一 住内 丨卅五 行宗歟、

一 イモシヤ 丨一反十五 河也

已上四反卅内 河一反十五　在家二反

定一反十五

(末)末松名

一 子ヤノ森西 丨二反 出十　　一 住内 丨卅

竹代
堂免

一、下カウタ
｜五　新、

已上二反卅五内 在家、二反 残卅五　出、十

定、一反五

真蔵名、

一、住内
｜三反廿五内 竹代、一反廿五 残二反

一、古住
｜一反十五

一、堂垣内
｜三反十 堂免、

一、子ヤノ森
｜廿五

一、子ヤノ森西
｜廿

已上八反卅五内 竹代、一反廿五 在家付二反　堂免、三反十

定、二反十

吉真名、

一、乙行
｜卅 今度、堂免之由申、

一、乙行
｜卅

若王子敷地

神畠

一丨子ヤノモリ一反内 河卅五 残五
一丨住内一反卅
一丨住前卅(ママ)也河
一丨コせ元一反十 新

一丨住西三反
一丨乙行十五 若王子敷地
一丨コイノハナ十
一丨チクチ十

已上九反廿五内 河一反廿五 在家付二反 神畠十五 堂免卅
定五反五内 新一反廿

包貞名
一丨大河崎卅内 荒廿 残十
一丨住内所々合四反 出十五
一丨住前二所合一反 卅五内 河一反十 残卅五 元岡

一丨子ヤノモリ卅五 内 荒十五 残卅
一丨トヲ山田廿 新

已上七反卌内河荒一反卌五　在家付二反
残三反卌五　出十五
定四反十内元岡卌五　新廿

真貞名　一ー一反十 包貞未申

行貞名越前

一ー卌 ハトノヲ　在家付不足ニ田廿引候了、

行貞名伊賀

一ー一反卌内 住内 伊垣敷地十五代　元岡
残一反十五　出十五

已上一反卌五内神畠十五　在家付一反半分

定畠卌

近貞名

一ヽ｜住内二反内不ヽ廿　残一反卅

一ヽ｜同所二反廿五内不ヽ廿五　残二反　三ヽ郎二郎

一ヽ｜住内廿五三ヽ郎二郎

已ヽ上五反内不ヽ卅五　在ヽ家付二反

定ヽ二反五

近ヽ守名

一ヽ｜住内所々合卅五出ヽ卅五

一ヽ｜住内卅五内無ヽ五　残卅　藤ヽ大夫

已ヽ上二反五内無ヽ五

定ヽ二反加ヽ出定　在ヽ家付引候了、

宗ヽ正名

一ヽ｜住内廿内無ヽ五　残十五　在ヽ家付引候了、

行ヽ弘名

一ヽ｜住前廿五　三ヽ郎二郎

一ヽ｜住内十　惣ヽ官大夫

一住内十　五郎三郎　一住内十五　伊賀
一住下十五　惣官大夫　一住内廿　三郎二郎
已上一反卅五　皆新畠也、

一拾陸名分

近元名
一下荒三一反内河卅 残十　一上荒三一反卅
一上荒三廿不也
已上三反内不河一反十　在家一反
定卅

包延名
一せウキノ東十　新　一コせ元一反卅

一〵丨乙行所々合二反内　無〵十
　残一反卅
一〵丨子ヤノモリ五　出〵卅五
一〵丨桜田十内　不〵五
　残五
一〵丨下荒三十五
　已〵上七反卅五内　不〵河一反十五
　在家付一反
　残五反五

　定〵五反卅内　新〵廿

国〵近名
一〵丨ナラワラ五　出〵五
一〵丨高木十五　出〵十
　已〵上一反廿内　不〵卅
　残卅　出〵十五
　定〵四十五内　出〵十五

一〵丨乙行十五若王子敷地之由申、
一〵丨未（末）高住東一反廿
一〵丨セウキ一反　河〵也
一〵丨セウキ廿　新〵
神〵畠十五
加国近定
出卅五

一〵丨宮前一反内　不〵卅
　残十

西光貞名

一丨卅中村 出五

一丨一反五高木 川也

已上二反十内河一反卅 残卅 出五

定卅五在家付引候了、不足十五

一丨廿五イモシヤ 川也

時延名

一丨十奥山

一丨十ヘノ坪 元岡

一丨十ヘノ坪

一丨二反卅内高木 無卅 残二反

已上六反卅内無河一反廿　在家付一反

一丨一反十内下荒三 河廿 残卅

一丨一反十内桑垣内 不十 残一反　出十

一丨十荒三岸下　新

一丨卅松原　元孫太郎作

元田

延里名

定四反十内新岡廿

一｜一反中村

一｜二反内住二所合 河一反十 残卅

已上五反内河一反十　在家付一反

定二反卅

一｜十下荒三

一｜一反卅上荒三

秦五名

一｜一反十西乙行二所合

一｜十五元岡コセ元

已上四反内不十　在家付一反

定二反卅内元田廿五　岡十五

一｜二反内子ヤノモリ 不十 残一反卅

一｜廿五元田チクマ

大僻灯油畠

大僻新寄進

包末（未）名
一｜中村一反卅内無十
残一反卅
一｜子ヤノモリ東一反卅内大僻灯油畠一反新奇（寄）進
残卅　出卅
已上五反廿五内無十　大僻新奇（寄）進一反　在家付一反
残三反十五　出卅
定四反五内新五
出卅
一｜末（未）松住前一反卅出十
一｜コせ元五新

清元名
一｜住西一反
一｜コせ元廿五出十
一｜コせ元卅五河也
已上四反十五内河卅五　在家一反
残一反卅　出十
一｜住内二所合一反廿五
一｜高木卅新

大僻宮煤掃
新畠

包〻真名
一〻一〻二反住北河〻也
一〻一〻二反高木河〻也
一〻一〻卅住内二所合
　　一〻一〻廿同所河〻也
　　一〻一〻十高木出〻十
定〻二反卅内出〻十　新〻卅
已〻上五反廿内河〻四反廿　出〻分　在〻家付一反
残十

吉〻正名
一〻一〻一反内宮前不〻卅
残十
　　一〻一〻卅宮前元〻岡　大〻僻ス（煤）ヽハキ（掃）免之由申、
已〻上一反卅内不〻卅　神〻畠卅
残十　新畠分

貞〻延名
一〻一〻六反十内住内無〻卅五
残五反廿五
　　一〻一〻二反内住北荒〻一反
残一反

已上八反十内 無卅五　荒一反　在家一反
定六反廿五
五ゞ

貞恒名
一奥山 一反卅
已上二反卅内 河卅五　在家一反
定「畠」「一反」五
○書き直　○一反に重ね書

一高木 一反内 河卅五
残十五

(末)
末高名
一大林 一反廿 出十
一子ヤノモリ西 廿五

一大林 卅 紀十郎引候了、
一住内二所合 三反十内 荒神敷地十五
残二反卅五　出十五

荒神敷地

已上五反卅五内 神畠十五　新在家一反　今度可給之由申、
残四反廿　出廿五

屋敷

吉守名

定四反卌五内出廿五

一、イリスミ
一二反内川一反十
残卌

一、住内
一二反出十

一、下垣内
一十

一、下垣内
一十五

一、下垣内
一卌五

一、同所
一一反荒也

已上六反十内荒河二反十
残三反　出十
在家一反

定三反十内出十

未(末)重名

一、大ハタ
一一反荒也

一、住西
一一反卌内河十五
残一反十五　屋敷十
出卌五

一、住内二所合
三反卅

一、下垣内
一十堂敷之由申、

已上六反卌内河無一反十五
残四反廿五　出卌五
在家一反

定五反十加出定

一重藤名分
仏道門屋
一住内｜廿五内屋敷十五　源三郎
　　　　　　　残十
一住内｜廿代元岡
　　　　　源三郎
一住内｜廿五屋敷付
　　　　　源三郎
一門屋｜一反十内十屋敷　又三郎
　　　　　　　　残一反
一藤次谷｜卅荒神敷地之由申、
　　　　　又三郎
一番匠垣内｜一反廿出五元岡
　　　　　　　　　　又三郎
一(能下)乃慶ノ住内｜五代十八歩源三郎
　　　　　　　　　　　元岡
　已上四反卅五代十八歩内神畠卅　在家付一反
　　　　　　　　　　　　残三反五代十八歩　出五
　　定三反十代十八歩内出五

善阿
一門屋｜二反十出卅
一高畠｜卅

已上二反卅内在家一反
残一反卅　出卅

定二反廿内出卅

平太夫入道

一〃〃小林一反卅

一〃〃番匠垣内廿　元岡

已上三反十五代十八歩内在家付一反
残二反十五代十八歩　出五

定二反廿代十八歩　加出定

一〃〃住内卅五代十八歩

一〃〃番匠垣内廿　出五　元岡

六郎太夫

一〃〃伊垣窪一反

一〃〃小林本卅

一〃〃小林一反卅出五
(所)

一〃〃十ユノ木垣内二所合

新岡

一（番匠垣内）｜卅出五

已上四反卅五内（在家一反）
残三反卅五　出十

定四反五内（加出新岡定）

一（住内）、十五新

十郎次郎

一（番匠垣内）｜三反出五　元岡

已上四反廿五内（在家一反）
残三反十五　出五

定三反廿内出五　元「岡」三反（○田に重ね書）

一（ナシノ木垣内）｜一反廿五内（無十）
残一反十五

余七入道

一（番匠垣内）｜二反十内（無十）
残二反　元岡

已上三反十内（無十）
残二反　在家付一反
元岡

一（ナシノ木垣内）｜一反

弥次郎入道

一　西乙行｜一反内　無五　残卅五　　一　子ヤノモリ｜一反　在家付　出十

一　大林｜五　新　　一　ナカレタ｜卅　出五

已上二反。卅五内　無五　残一反卅　在家一反　出十五

定一反卅五内　加。出十五　新五定

与三入道

一　真蔵住西｜卅内　無廿五　残十五　　一　中村｜一反卅　　一　松原｜卅内　川十五　残十五

已上三反十内　無河卅　在家一反

定一反廿

横四郎

一　住内｜三反　出五

已上三反五内　在家一反

定二反五

源十郎大夫今紀十郎

一｜住内冊

一｜セウキ一反元岡

已上二反十五内在家付一反

定一反十五新岡分也、

一｜住東廿五新

一｜大林冊元未(末)高引候了、

弥五郎

一｜大林一反出十

一｜大林十

已上五反十内在家付一反

残四反十　出十

定四反廿内加出定

一｜大川崎三反

一｜住内一反屋敷付

若宮敷地

長福寺

又三郎

一、｜廿五（荒三） 出卅五

一、｜卅内（ナラ原） 無十 残廿

一、｜五川也（同所西）

已上「二」（二）（○三に重ね書）反廿五内 無河廿五 在家付一反 堂敷十五 残卅五 出卅五

定一反卅 加出定

一、｜十（ヘノツホ）

一、｜一反五内（ナラ原） 河十 堂敷十五 残卅

少目

一、｜十五（奥山） 若宮御敷地

一、｜一反内（宮前） 不卅 戋十 長福寺頼申、

已上三反五内 神畠十五 長福寺十 不卅 無十 在家一反

一、｜一反卅内（ヲクノ山） 無十 残一反卅

定卌

真末(末)名

一奥山一五反　　一ナラワラ一一反十内 河十五 残卌五

一松原一十新

已上六反廿内 河十五　在家一反

定五反五内 新十

乙王

一大林一十新　　一真蔵丑寅一一反卌内 不卌 残一反　出十

一大林一十

已上二反十内 不卌 残廿　在家一反 出十

定卌 加出定

中三郎

一｜十コイノ元　新

一｜一反内真蔵北　不廿　残卅

一｜一反内せウキ東　不廿　残卅

已上三反五内　不卅　残一反十五　在家付一反　出十五

定一反卅加出十五＊「定」

一｜十五ムレサカエ　新

一｜卅住内二所合　出十五

又次郎入道　一｜一反内松原　無五　残卅五　在家付引候了、

紀太夫

一｜二反十五大林　出廿

一｜十五ナカレタ　元岡

已上二反卅五内　在家付一反　残一反卅五　出廿

一｜五トイツメ

定〻二反五内　加〻出岡定

孫〻太郎

一〻ヲクノ山 ｜卅内無〻十五 残十五　　一〻松原 ｜廿内河〻十 残十

一〻奥山二所合 ｜十　新〻

已〻上一反十内無〻河廿五 残卅五　在〻家引候、不〻足十五

若〻狭

一〻松原 ｜一反出〻十　　一〻九反田下 ｜十五

一〻片山 ｜卅五荒〻人神之畠之由申、

已〻上二反内神〻畠卅五 残十五　出〻十　在〻家一反

定〻廿五加〻出定

又〻四郎

一〃丨大林一反出〃十
一〃丨せウキ五新〃
已〃上三反五内在〃家一反
残二反五　出〃廿
定〃二反廿五内岡一反　新〃五　出〃廿

一〃丨せウキ一反元〃岡
一〃丨住内一反出〃十
在家付一反

成〃円房
一〃丨大林二反出〃卅
已〃上二反卅内在〃家一反
定〃一反卅

一〃色分
一〃丨廿　道〃念
○松原に重ね書「大林」大林
一〃丨真蔵東二反　常〃忍
一〃丨門屋二反内荒〃廿　正〃阿
残一反卅
一〃丨門屋十　正〃阿

政所屋敷

一〃ヲクノ山｜廿　少〃目
一〃ナカレタ｜十五光〃貞在家不足引候了、孫〃七新〃畠
一〃西土井｜一反十出〃廿　孫〃七
一〃セウキ東｜一反内不〃廿五残廿五　与〃三入道跡西分
已〃上一町二反五（マヽ）
西〃仏
一〃桜田｜一反内不〃廿残卅
已〃上二反廿内不〃廿
定〃二反
孫〃三郎入道

一〃片山｜一反十　孫〃七
一〃奥山｜一反　孫〃七
一〃土井ノ内｜一反十　政〃所屋敷
一〃奥山｜一反　善〃阿下
一〃子ヤノモリ｜一反廿

妙現寺敷地
福勝寺
安養寺
伊垣神敷地
公文雑免并給

一丨一反卅内 真蔵住東 妙現敷地卅 残一反
福勝寺
一丨十 ヲクノ山
安養寺
一丨三反 ヲクノ山　一丨一反廿 スカ谷 元岡
已上五反廿
伊垣神敷地十 ヲクノ山
「(附箋)(白紙)」
公文雑免并給
一丨卅 ナカレタ 元岡雑免　一丨一反 西土井 出十 給分
一丨五 セウキ 雑免　一丨五反卅 子ヤノ森 出卅五 給分
一丨三反 ヲクノ山 給分

已上一丁二反内加雑免并出畠定

注進　矢野庄西御方栗林実検取帳事、

合

仏道

一丨大ハタ一反廿五　源三郎　一丨住「南」向十五　○向に重ね書　源三郎　一丨門屋十　又三郎

一丨藤次谷一反　又三郎

已上三反

平大夫入道

一丨門屋五代　一丨住上一反

已上一反五

六郎大夫

一〻門屋藤次谷一丨廿五
吉〻守名
一〻住南一丨十五　　一〻下垣内一丨一反　　一〻住東一、十　　一丨五
已〻上一反卅五（ママ）
末〻（未）重名

一〻大ハタ二所合一、一反　　一〻イリスミ一、一反五　　一〻住後一、一反十五
一〻サイノ向一、五　中三郎跡
已〻上三反廿五
正〻阿　十〻門屋五
善〻阿　一〻藤次谷一丨十五ミ　　一〻マメクリノ上一丨十
貞〻次　一〻門屋一丨十

延永　一丨廿五　住上

西善　一丨一反五　住西　一丨廿　スカ谷南　一丨一反五　ヒノハタ二所合

(末)末清　一丨一反　住西　一丨十　ヒラハタ　一、五　藤サカ

一丨一反　アケヒ谷

延真弘真　一丨卅五　カイチ谷　一丨五　同所

助真　一丨卅　ミヤウサカ

行弘　一丨卅　住上

近守　一丨一反　住西　一丨一反卅　住東

行貞　卅　ミノフチ

(末)末行　一丨十五　ハトノヲ　ミ　一丨五　ロク万本　行宗

成恒　一丨一反　小山田

包〻貞　一〻一反廿
包〻延　一〻《西乙行》二反
中〻三郎　一〻《コイノハナ》一反廿
紀〻十郎　一〻《住上所々合》一反廿五
包〻末（末）　一〻《小山田》一反卅
已〻上三町一反卅

一北山分
一〻《ヲミチ》｜卅　中〻大夫入道　一〻《松尾》｜廿　中〻大夫入道
一〻《松尾》｜五代十八歩　清七入道　一〻《タハノ前》｜十代　清七入道
一〻《サハタ》｜十五　清七入道　一〻《サハタ》｜卅　中大夫入道

一〻畠分　ホソウノ住｜十五　清七入道
一〻ホソウ口｜卅五　清七入道
一〻岩戸下｜十　中大夫入道
一〻岩井谷口｜十代十八歩　検校入道
一〻岩井谷二所合｜一反廿　藤五郎
一〻畠分　岩井谷｜二反　検校入道

一〻林　岩井谷｜一反　検校入道
一〻トチノ木谷｜卅　四郎大郎入道　検校入道
(附箋)
「水メ谷
一｜二反　四郎大夫入道

○サハタに重ね書
「畠ホソウ」
一—「二反」○卅に重ね書　中大夫入道
一〻ホソウノ住｜五　清七入道
一〻岩井谷｜五代十八歩　四郎大郎入道
一〻岩井谷口｜五代十八歩　四郎大郎入道
一〻岩井谷｜十〻神田之由申、　検校入道
一〻畠　岩井谷、十五　検校入道

一〻シイノ木谷｜十　四郎大郎入道
一〻ケムタ屋敷｜卅　清七入道
ミツメヨコ谷
一｜卅　検校入道

豊前阿闍梨

自地下、豊前アサリ(阿闍梨)持参候一帋之帳、無年号名字判形、写此本帳者也、而奥ニ此一行』有之、後日ニ書加候歟、
不審、彼一帋注文ハ、又国ニ下之早、」

已上一丁九反五（二反）(ママ)

右、太略注進之状如件、

貞和元年十二月八日

田所(花押26)(脇田昌範)
公文(花押27)(藤原清胤)
政所(花押28)
政所(花押29)(成円)
検使(花押30)(祐実)
上御使法橋真祐(花押31)

○紙継目裏ごとに公文藤原清胤の花押32・田所脇田昌範の花押33がある。

東寺百合文書 一 終

花押等一覧

東寺百合文書　イ函

1　鴨部氏女

六①

2　比丘尼蓮妙

六②

3　人名未詳

六裏

4　人名未詳

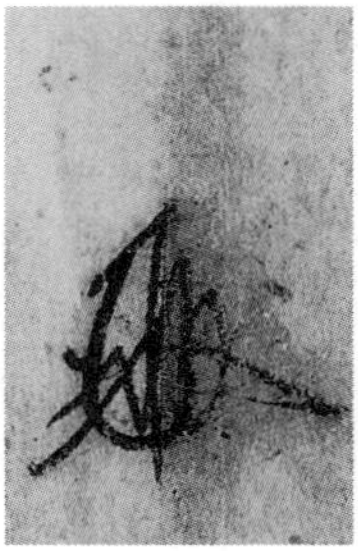

六継目裏

5　尼見西

七

6　藤原氏女 地蔵御前

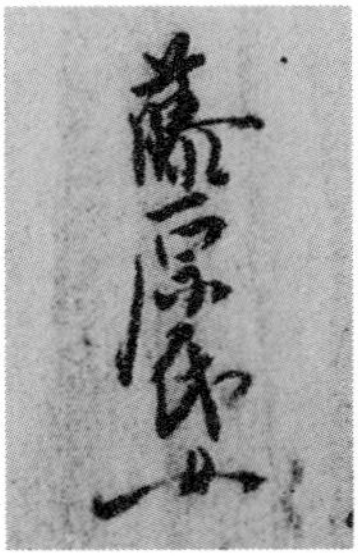

一〇

7　綾部時安

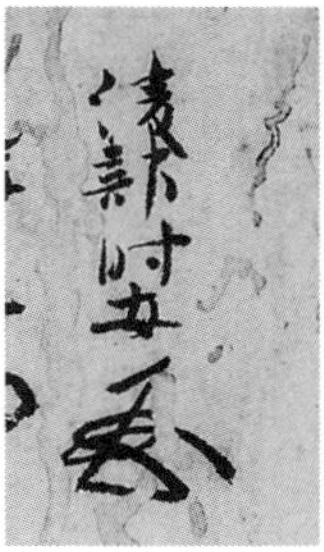

一一

8　凡海貞守

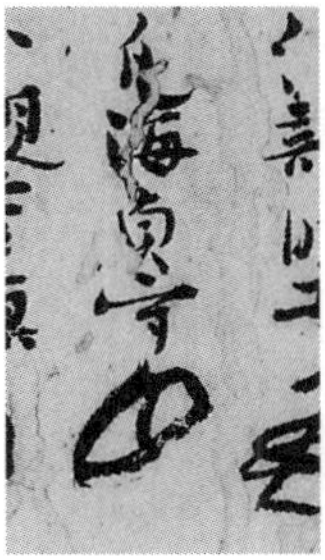

一一

9　小槻重真

一一

10 大中臣友永

一一

11 源時末

一一

12 卿真聖

一七裏

13 卿真聖

一八

14 卿真聖

一九

15 教王院経誉

二〇

16 卿真聖

二一

17 卿真聖

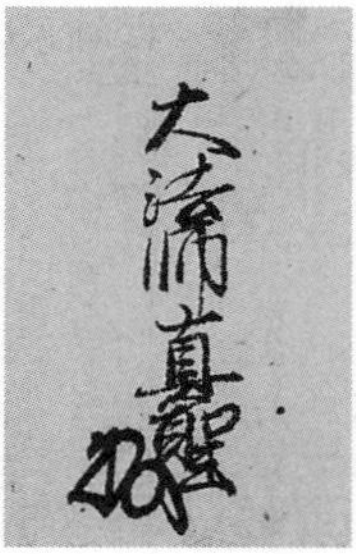

二二

18 平市熊丸

二三

19 実信

二四

20 能勢善昭

二七裏

21 摩尼珠院兼什

三二

22 坂上明成

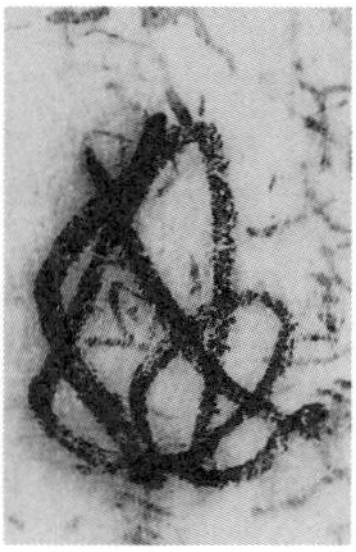

三五裏

23 岳西院定超

三六紙背

24 大夫房隆祐

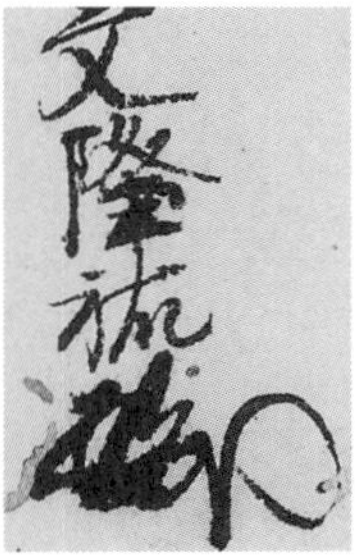

三七

25 岳西院定超

三八袖

26 目代某

三八

27 越前介

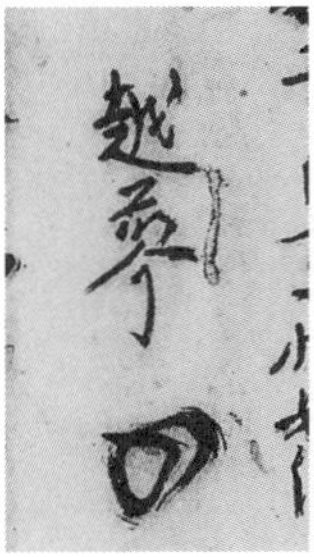

三九

28 兵衛四郎

三九

29 左近二郎

三九

30 安大夫

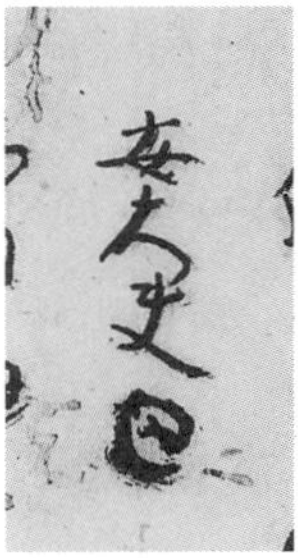

三九

31 浄円

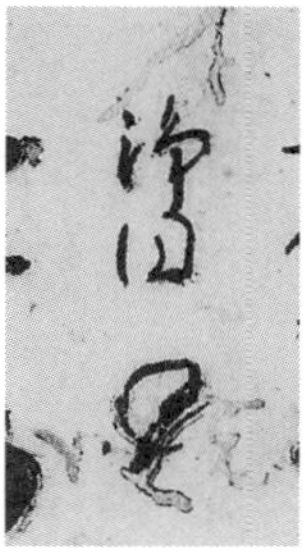

三九

32 向仏

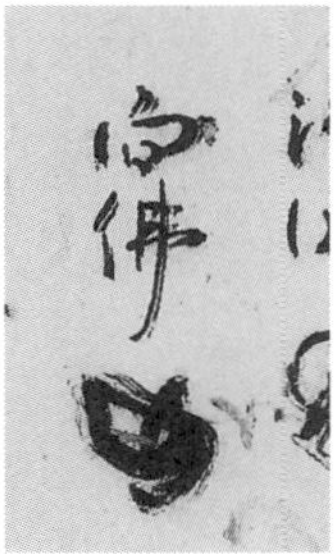

三九

33 経阿弥

三九

34 善阿弥

三九

35 朝念

三九

36 性願

三九

37 慶舜

三九

38 油小路隆蔭

四〇継目裏

39 二位忠救

四一

40 宝持院弘雅

四二

41 宝幢院文海

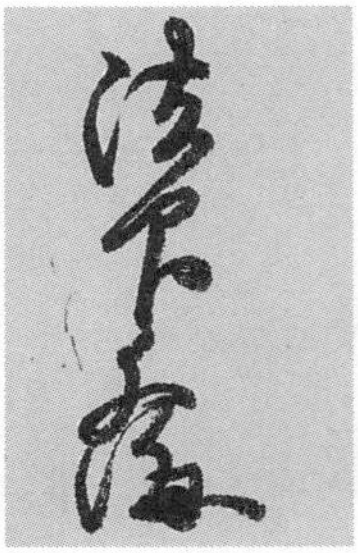

四三

42 性遵安威資脩

四四裏

43 金蓮院真聖

四五

44 宝菩提院亮忠

四五

45 宝厳院深源

四五

46 実相寺行賀

四五

47 二位忠救
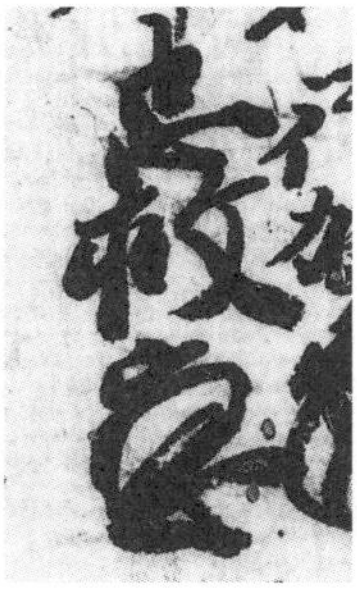
四五

48 中原章兼

四五

49 中原章有

四五

50 中原某

四五

51 坂上明成

四五

52 坂上明景

四五

53 中原章世

四五

54 帥厳瑜

四九

55 理性院宗助

五〇

56 賢清

五二

57 千松丸

五三

58 宝厳院宏寿

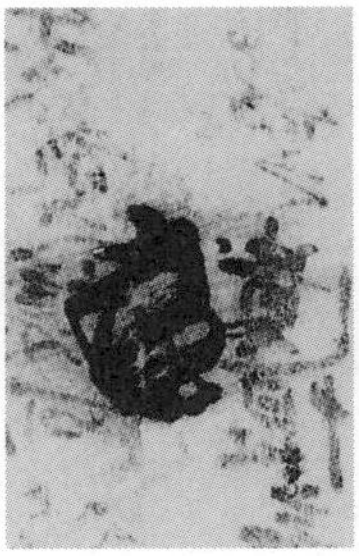

五三継目裏

59 斯波義将

五六

60 蓮池景経

六〇

61 理性院宗助

六二

62 菩提院守融

六三

63 宝泉院堅済

六四

64 斎藤基喜

六七

65 伊勢貞経

六八

66 助太郎

六九

67 刑部

六九

68 人名未詳

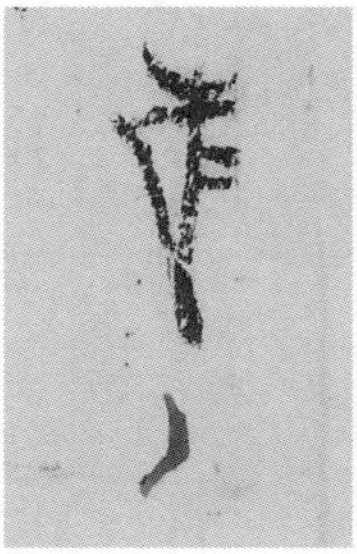

六九継目裏

69 善遍

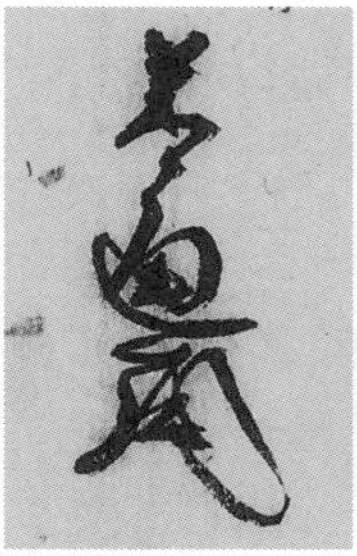

七〇

70 中西重行

七一

71 宝珠院好尊

七五

72 松山乗栄

七六

73 金剛王院房仲

七七

74 越後賢増

七八

75 中原師孝

八一①

76 中原師孝

八二

77 飯尾為秀

八五

78 常承（摂津満親）

八五

79 馬伏忠吉

八七

80 高橋定蔵

八八

81 高橋定蔵
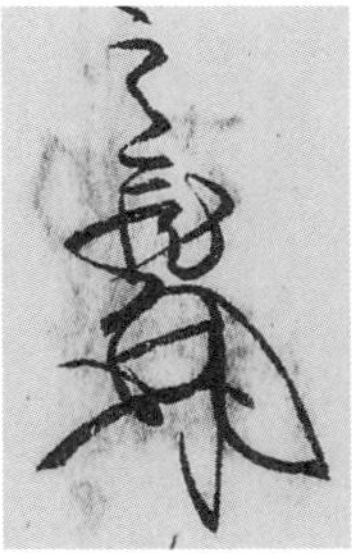
八九

82 高橋定蔵

九〇

83 人名未詳

九一袖

84 船橋業忠

九一

85 馬伏忠吉

九二

86 遊佐国助

九四

87 馬伏忠吉

九五

88 越後祐算

九六

89 印運

九七

90 遊佐国助

九八

91 乗珍寿賢

一〇〇

92 慶性清増
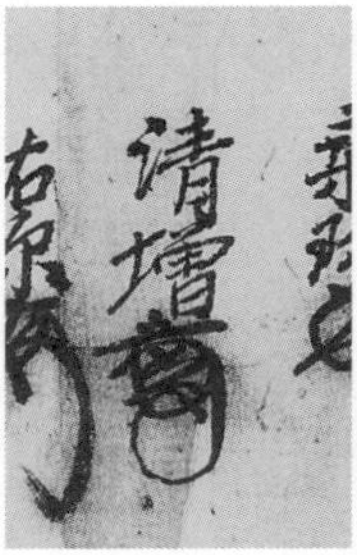
一〇〇

93 乗円祐深

一〇〇

94
敬蓮英玄

一〇〇

95
乗観祐成

一〇〇

96
敬定証英

一〇〇

97
越後祐算

一〇〇

98
若狭祐賢
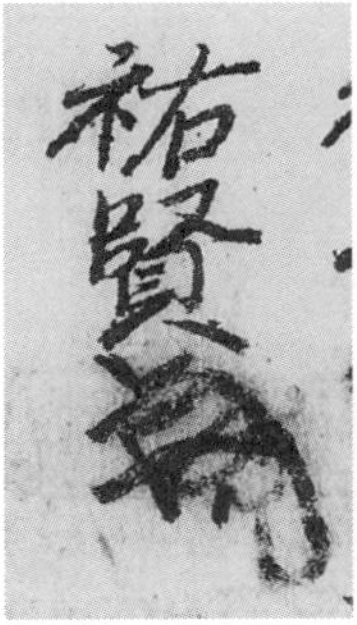
一〇〇

99
石見聡我

一〇〇

100
出雲尭玄

一〇〇

101
美濃元秀

一〇〇

102
備後聡秀
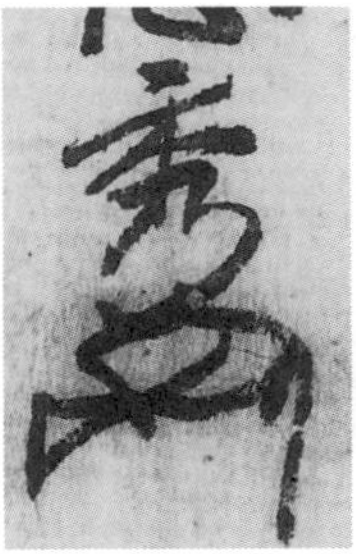
一〇〇

103
上総増祐
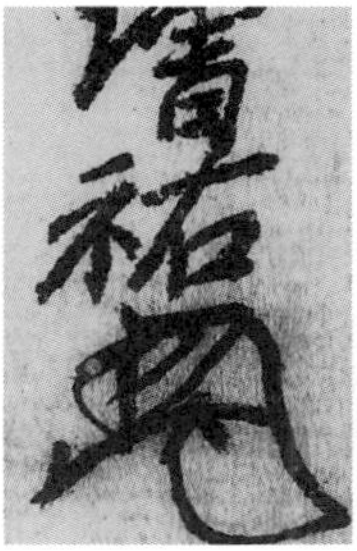
一〇〇

104
豊後宝俊

一〇〇

105
駿河聡快

一〇〇

106 駿河浄聡

一〇〇

107 福本盛吉

一〇二

108 光明院尭忠

一〇四

109 大納言真照

一〇六

110 侍従祐源

一〇六

111 治部卿頼俊

一〇六

112 三位宗承

一〇六

113 大輔重禅

一〇六

114 宰相厳信

一〇六

115 実相寺公遍

一〇六

116 増長院俊忠

一〇六

117 宮内卿融寿

一〇六

118 宝泉院覚永

一〇六

119 宝菩提院教済

一〇六

120 正覚院原永

一〇六

121 宝厳院宏清

一〇六

122 金蓮院尭杲

一〇六

123 宝輪院宗寿

一〇六

124 宝生院杲覚

一〇六

125 仏乗院仁然

一〇六

126 金勝院融覚

一〇六

127 少将俊雄

一〇七

128 石井数安

一〇八

129 石井数安

一〇九

130 宝菩提院俊雄

一一一

131 石井在利

一一二

132 円浄

一一三

133 竹内七郎二郎

一一四

134 豊田澄英

一一五

135 奥田清久

一一六

136 松田英致

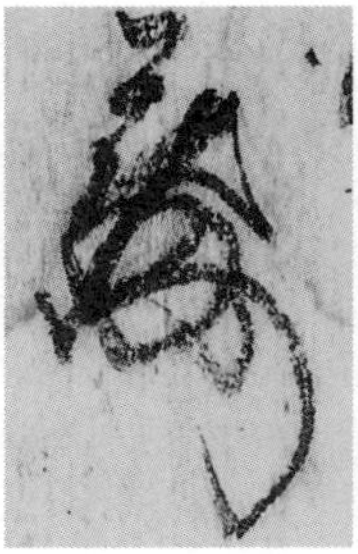

一一七

137 柳本宗芸

一一八

138 中沢秀綱

一一九

139 中沢秀綱

一二〇

140 浄承

一二一

141 人名未詳

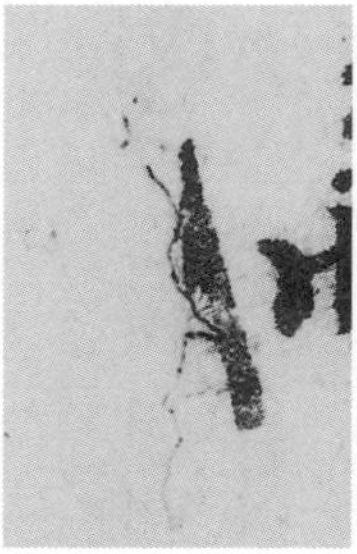

一二二

142 小寺光任

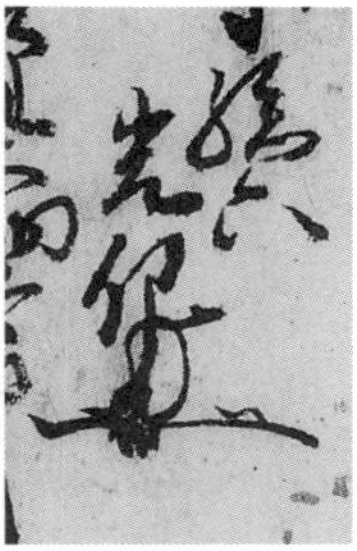

一二四

143 □野光吉

一二四

144 乗久祐慶

一二六

145 和泉

一二七

146 敬定継印

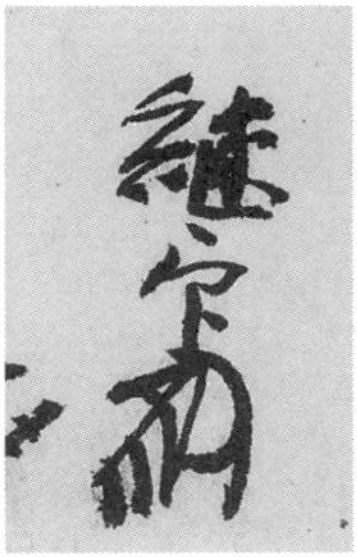

一二七

147 乗清

一二七

148 乗永

一二七

149 越中

一二七

150 河内祐快

一二七

151 随善盛祐

一二七

152 但馬精真

一二七

153 乗久祐慶

一二七

154 乗蓮

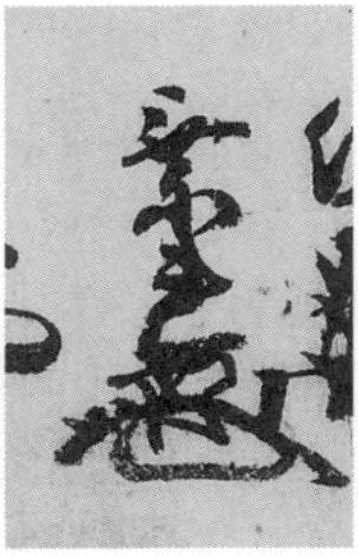

一二七

155 乗珍光盛

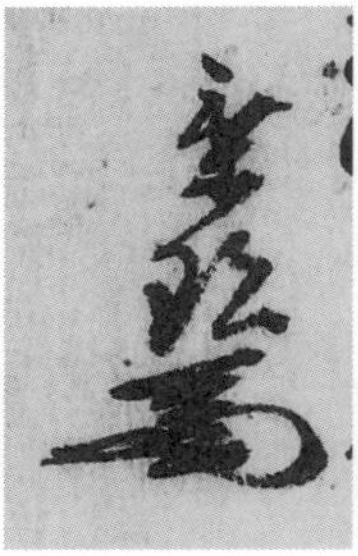

一二七

156 上総浄慶

一二七

157 飯田半兵衛

一二八

158 浄順寿珍

一二九

159 安芸浄恵

一二九

160 備後

一二九

161 河内祐快

一三〇

162 敬定継印

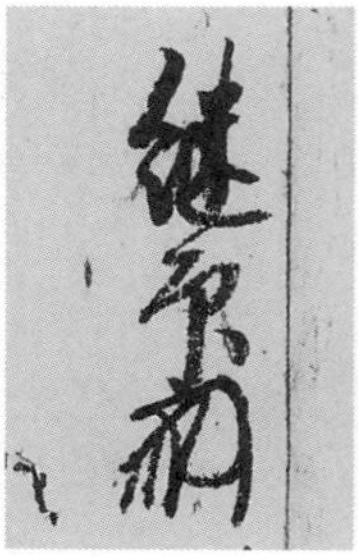

一三〇

163 乗久祐慶

一三〇

164 但馬精真

一三〇

165 豊後浄重

一三〇

166 土佐浄翁

一三〇

167 円秀宗忠

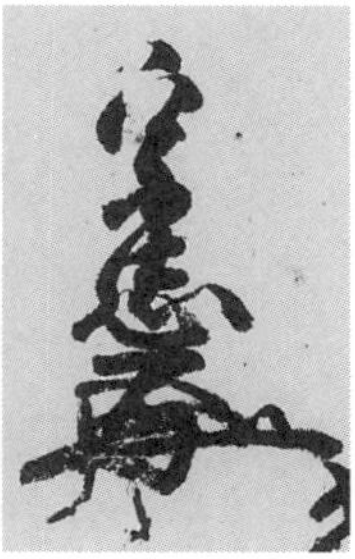

一三〇

168 祐慶

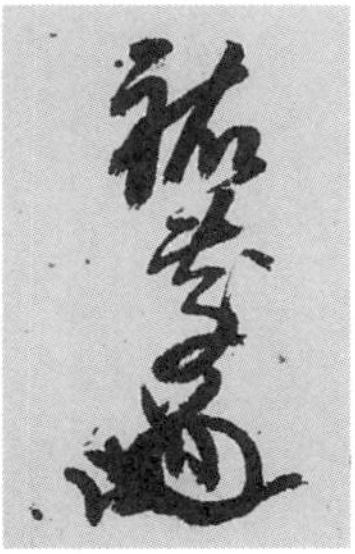

一三〇

169 喜兵衛

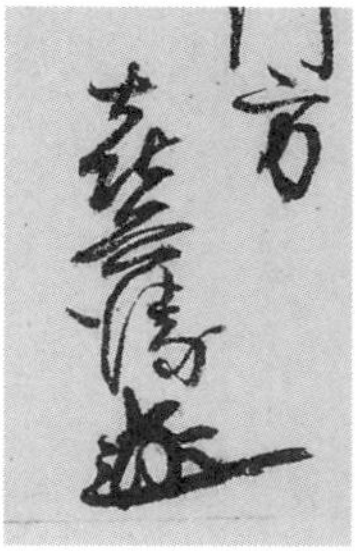

一三一

170 三条某

一三二

171 □□

一三三

172 土肥宗真

一三四

173 佐厳深

一三五

174 朗遍

一三七

175 民部卿宗寛

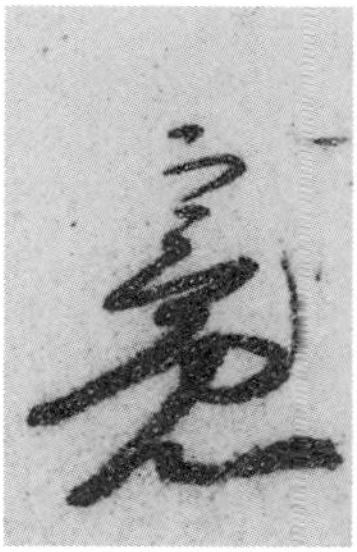

一三八

176 藤岡直綱

一三九

177 石井政安

一四〇

178 塩田胤貞

一四二

179 妙観院宗照

一四三

180 宝菩提院禅我

一四三

181 仏乗院光深

一四三

182 光明院尭運

一四三

183 宗泉

一四四

184 皆明院勝瑜

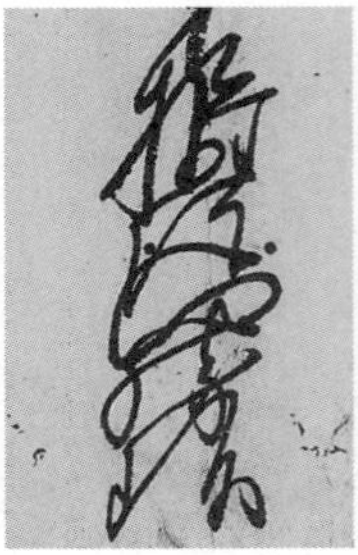

一四六

185 飯尾之種

一四七

186 吸江斎養真

一四八

187 石井数安

一四九

188 寺田法念

一五〇

189 実境庵□真

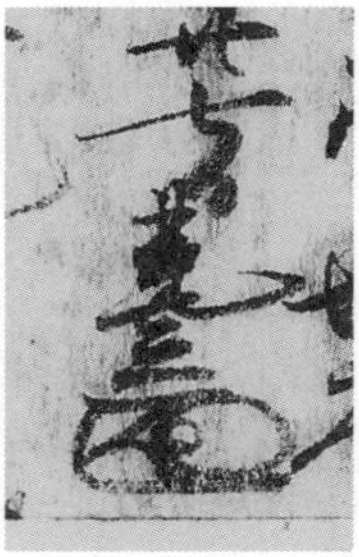

一五一

190　一宮上坊□念

一五二

191　高階俊経

一五三

192　吸江斎養真

一五四

193　三宝院満済

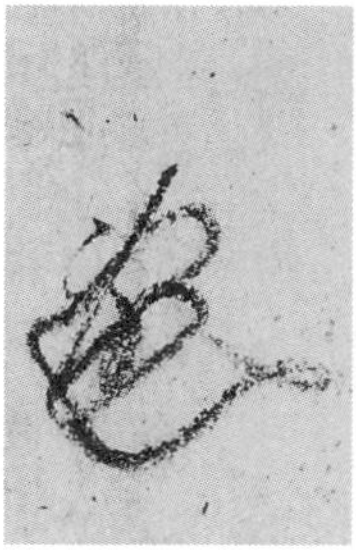

一五五

194　石原重貞

一五六

195　皆明院勝瑜

一五七

196　塩□菟□

一五八

197　加□秀康

一五九

198　政吉

一六〇

199　宗泉

一六一

200　竹田尚清

一六二

201　西南院賢長

一六三

202 大石重親

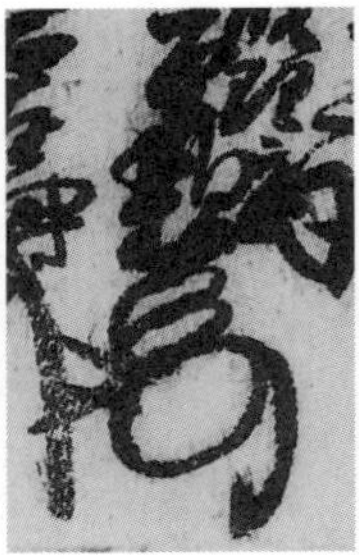

一六四

203 大石重信

一六四

204 大石重経

一六四

205 朗遍

一六五

206 藤岡直綱

一六六

207 兵部卿栄済

一六七

208 藤岡直綱

一六八

209 円秀祐富

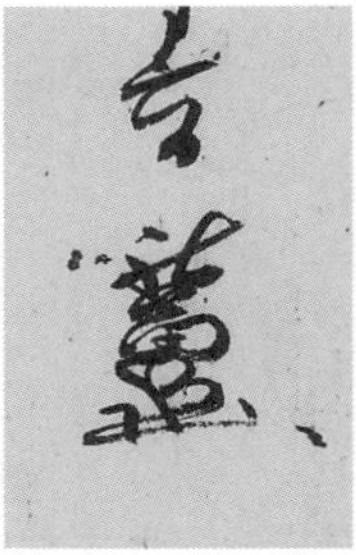

一六九

210 藤岡直綱

一七〇

211 藤岡直綱

一七一

212 中村高続

一七二

213 中村高続

一七三

214 安井宗運

一七四

215 中御門経宣
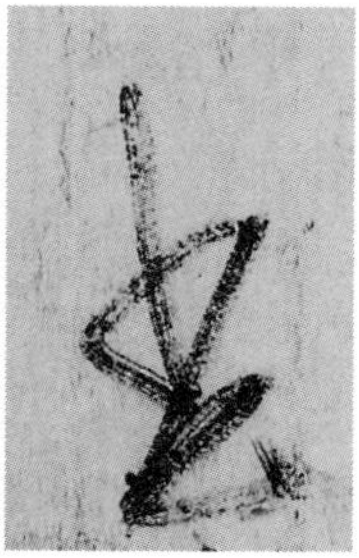
一七五

216 □□

一七六

217 飯尾為清

一七七

218 沢蔵軒宗益（赤沢朝経）

一七八

219 足助意盛

一七九

220 柳本甚次郎

一八〇

221 皆明院勝瑜

一八一

222 真光院禅海

一八二

223 三宝院光助

一八三

224 寒川家光

一八四

225 松田英致

一八五

226 斎藤基雄

一八五

227 石井数安

一八六

228 豊田澄英

一八七

229 大森兼継

一八八

230 日向浄康

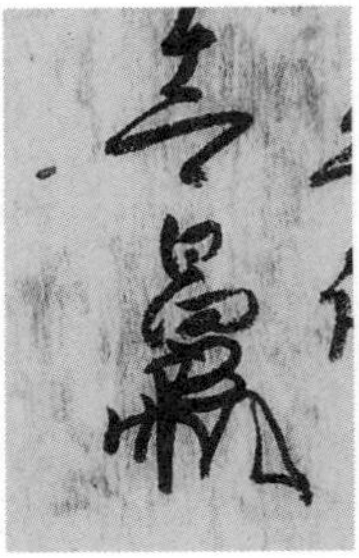

一八九

231 雅斎

一九〇

232 藤原惟顕

一九一

233 大原高保

一九二

234 文珠院□□

一九三

235 石井数安

一九四

236 兼継

一九五

237 四手井家保

一九六

238 皆明院勝瑜

一九七

239 今村政次

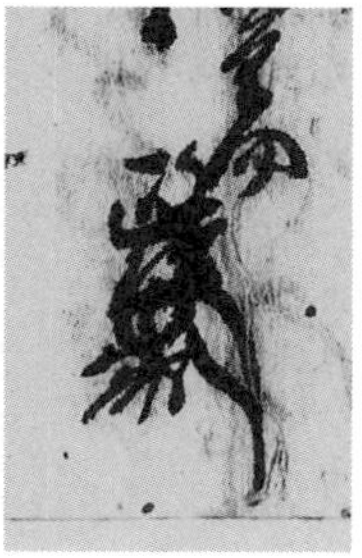

一九八

240 利倉安俊

一九九

241 吸江斎養真

二〇〇

242 密教院俊典

二〇一

243 藤岡直綱

二〇二

244 宮田家高

二〇三

245 福本盛吉

二〇三

246 金子衡氏

二〇三

247 石井数安

二〇四

248 藤岡直綱

二〇五

249 観智院宗杲

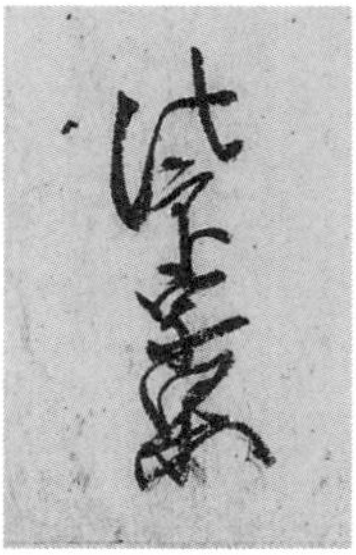

二〇六

250 喜多重政

二〇八

253 □□

二一〇

256 三位隆忠

二一三

259 宝幢院源長

二一八

251 瓦林秀重

二〇八

254 石井豊安

二一一

257 少納言澄盛

二一四

260 大喜多清

二一九

252 太田保定

二〇九

255 宗藤（藤岡直綱）

二一二

258 少納言澄盛

二一五

261 拝師庄竹田方百姓中

二二〇

262 加賀祐増

二二一

263 馬二郎

二二二

264 長塩元親

二二三

265 長塩元親

二二四

266 恋川久弘

二二五

267 太郎衛門
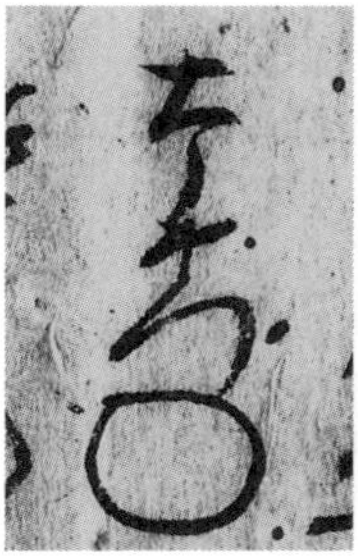
二二五

268 治部

二二五

269 瑞忠

二二六

270 妹尾重康

二二七

271 頼尋

二二九

272 豊田春賀

二三〇

273 蓮池宗武

二三一

274 竹□尚即

二三二

277 豊田春賀

二三五

280 豊田澄英

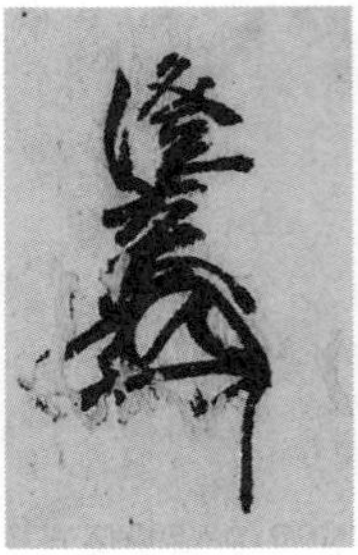

二三八

283 宴仲

二四四

275 石井数安

二三三

278 高柳通次

二三六

281 堤光職

二四一

284 石井顕親

二四五

276 拝師庄上鳥羽方百姓中

二三四

279 藤岡直綱

二三七

282 密教院俊典

二四二

285 豊田澄英

二四六

286 経長

二四七

289 竹内季治

二五一

292 藤原光泰

二五四

295 松田盛秀

二五九

287 中井安弘

二四九

290 梅軒快真

二五二

293 多羅尾綱知

二五七

296 弁祐

二六〇

288 蓬雲軒宗勝 松永長頼

二五〇

291 範次

二五三

294 松永久通
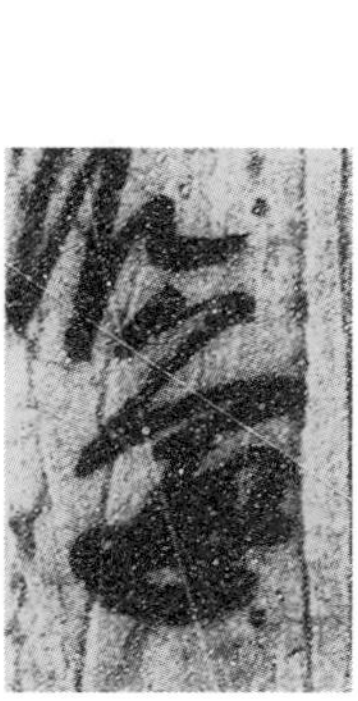
二五八

297 祥全 高師英
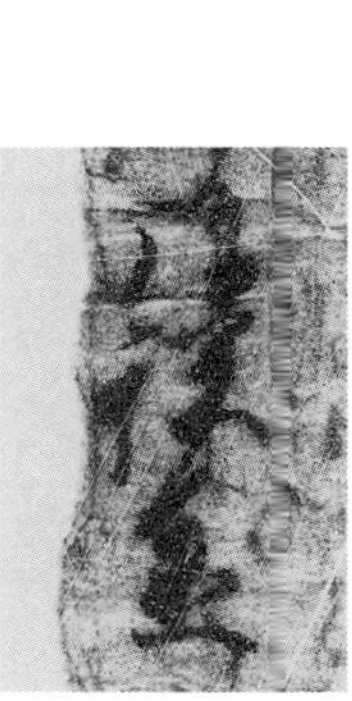
二六一

298 飯尾清房

二六二

東寺百合文書　ロ函

1 明善

二

2 右馬允

二

3 平庄司

二

4 二郎庄司

二

5 二郎検校

二

6 藤太夫

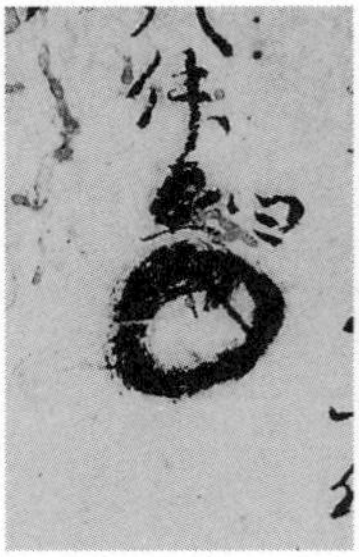

二

7 平官主

二

8 人名未詳

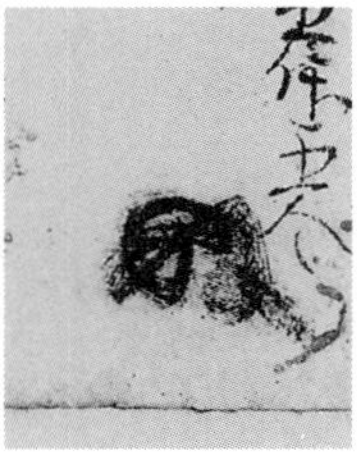

二

9 人名未詳

二

10 左近次郎

二

11 弥五郎入道

二

12 道願

二

13 さい官主

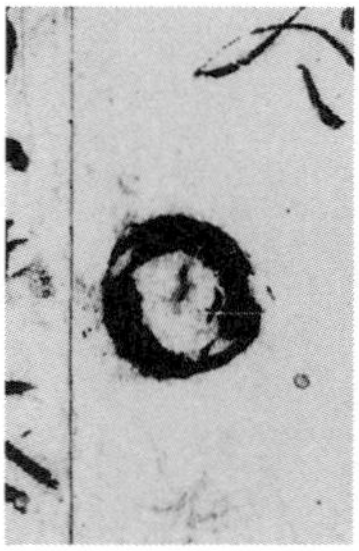

二

14 源内

二

15 平内

二

16 与一庄司

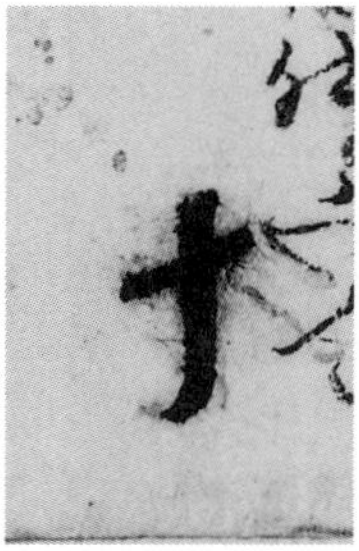

二

17 進平次

二

18 進士太郎

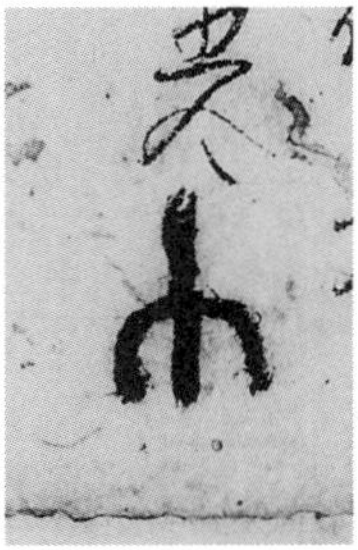

二

19 執行

二

20 西願

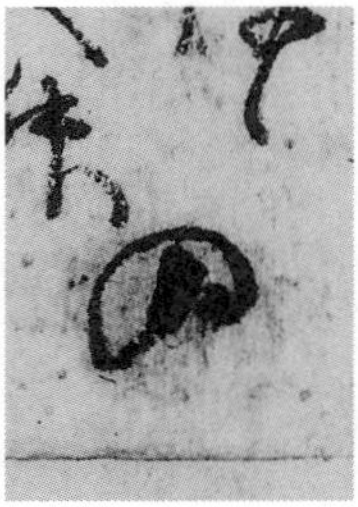

二

21 源藤平

二

22 厳乗

二継目裏

23 重行

三裏

24 脇田昌範

四

25 藤原清胤

四

26 脇田昌範

六

27 藤原清胤

六

28 政所某

六

29 成円

六

30 祐実

六

31　真祐

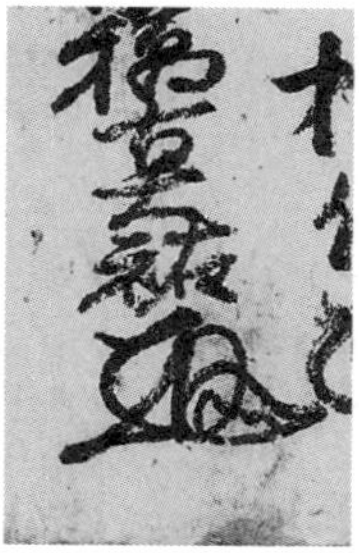

六

32　藤原清胤

六継目裏

33　脇田昌範

六継目裏

東寺百合文書《とうじひゃくごうもんじょ》 一

2004(平成16)年3月18日　発行

定価：本体9,500円(税別)

編　者　京都府立総合資料館

発行者　田中周二

発行所　株式会社思文閣出版
606-8203 京都市左京区田中関田町2－7
電話 075－751－1781(代表)

印　刷
製　本　株式会社 図書印刷 同朋舎

 ISBN4-7842-1182-9 C3321